Mexiko Yucatán

Rita Henss

DUMONT direkt

Inhalt

Bienvenidos

Zu Gast in Yucatán

Orte von A bis Z

Flamingo-Kolonien im Nationalpark Río Lagartos

Extra-Touren

12 Highlights

Stadtpläne

20 Reisetipps Yucatán

Yucatán im Internet

Surftipps

Mit wenigen Ausnahmen sind die fremdsprachlichen Internetseiten über Yucatán in Englisch verfasst. Daher fährt man beim Suchen besser, wenn man die englischen Begriffe eingibt. Wer des Spanischen mächtig ist, findet auf der mexikanischen Mutterseite oft mehr Informationen; denn nicht immer handelt es sich bei den englischen Varianten der Sites um wörtliche Übersetzungen, sondern lediglich um eine stark verkürzte Zusammenfassung.

Hotelbuchungen

Zahlreiche amerikanische Seiten werben mit Buchungsmöglichkeiten, für den deutschen Nutzer sind sie allerdings kaum geeignet, da es beim Bezahlen oft Schwierigkeiten mit der Kreditkartenakzeptanz gibt. Info-Anforderung und Buchungen können oft direkt bei den Unterkünften per E-Mail erfolgen.

www.tripadvisor.com Hilfreich bei der Beurteilung von Hotels.

www.hotel.mexiko-mexico.de private Datenbank von derzeit 350 Hotels (auf deutsch), auch in Yucatán. Keine Buchungsmöglichkeit.

Websites auf Deutsch

www.mexiko-reisetipps.de Offizielle Site des mexikanischen Fremdenverkehrsamts, Links zu allen Regionen.

www.mexiko-travelnews.de Private, journalistisch aufgemachte Seite mit monatlich neuen Artikeln und News (letzteres nur noch gegen Gebühr).

www.auswaertiges-amt.de Aktuelle Informationen zur Sicherheitslage in Mexiko.

www.embamex.de Seite der Mexikanischen Botschaft mit ausführlichen Hinweisen zu Land und Leuten, zur Reisevorbereitung; Liste der aktuellen Telefonvorwahlen (nur in der spanischen Version).

Interessante Websites auf Englisch oder Spanisch

www.visitmexico.com Links zu fast allen mexikanischen Städten/touristischen Destinationen, Sport- und Freizeitaktivitäten, Events, Lifestyle.

www.yucatantoday.com Geschichte, Sehenswürdigkeiten, Restaurant- und Hotellisten, Bus-Infos, Tipps.

www.travelyucatan.com Infos zu allen Transportmitteln auf der Peninsula; Hotels, Tour-Möglichkeiten und vieles mehr rund ums Reisen.

www.mayayucatan.com Seite des Secretaria de Turismo mit einer Fülle von Wissenswertem über die zeitgenössische und historische Maya-Welt, allerdings schwer zu navigieren.

www.elmundomaya.com Ausführliche Infos über Maya-Stätten, Naturreservate etc. (span.).

http://edicion.yucatan.com.mx Online-Version der Tageszeitung ›Diario de Yucatán‹ (span.).

http://mexico.web.com.mx Gute mexikanische Suchmaschine u. a. für Städte-Pages auf der Halbinsel.

www.netcafeguide.com/countries/mexico.htm Eine Auswahl mexikanischer Cybercafés.

www.ticketbus.com.mx. Adressen von Busbahnhöfen, Fahrpläne und Ticket-Reservierung (allerdings nicht für alle Strecken).

Das Wetter in Yucatán

www.wunderground.com/global/MX.html

http://stormcarib.com Hurrikan-Seite

Bienve

Türkisgrünes Meer mit puderweißen Stränden und Korallenriffen, Kolonialstädtchen, Naturlandschaften und eine Fülle imposanter Maya-Stätten – Yucatán eint Zeiten, Kulturen und Möglichkeiten. Schicke Hotels und schattige Dorfplätze, quirlige Ferienzentren und artenreiche Bioreservate, üppige Märkte und elegante Shoppingmalls – alles lebt mit- und nebeneinander in diesem Schmelztiegel

nidos

von Neu und Alt, Dunkel und Weiß, Lust und Leid. Wer die Distanzen nicht scheut, findet abseits vom touristischen Rummel den Zauber des typischen Alltags und die herzliche Gastfreundschaft und Hilfsbereitschaft eines Volkes, das bei all seinem Mühen um eine bessere Existenz stolz ist auf sein Land und seine Traditionen – so widersprüchlich diese in ihrem Charakter auch sein mögen.

Willkommen

Das ›Land der Maya‹: Faszinierende Baudenkmäler wie Chichén Itzá ...

Yucatán – ›Land der Maya‹

Geheimnisvolles Dschungelland

Flach wie eine Tortilla erstreckt sich das Kalksteinplateau der mexikanischen Halbinsel Yucatán zwischen den Fluten der Karibik und dem Golf von Mexiko. Lediglich im westlich gelegenen Puuc-Gebiet stülpen sich kleine Hügelblasen aus dem gleichförmigen Buschwald empor. Unter seinen Wurzeln verbirgt sich die geheimnisvolle Wasserwelt der Peninsula: unterirdische Flüsse, Höhlen und *cenotes*, Regenbecken, die durch Einsturz der steilwandigen Muschel- und Korallenschichten entstanden sind. Durchlöchert wie ein Stück Schweizer Käse am Angelhaken hängt die aus den Bundesstaaten Quintana Roo, Yucatán und Campeche gebildete Halbinsel so am Ostzipfel von Mexiko.

Vom Umriss her gleicht die Region aber mehr einem Hundekopf: Die keck gereckte Schnauze bilden die unter Naturschutz stehende Isla Holbox und der Parque Natural Río Lagartos im Norden Yucatáns. Dem Unterkiefer entspricht die Riviera Maya im Osten der Halbinsel mit ihren lebhaften Badeorten; dabei markiert Cancún, der größte und älteste, das Maul. Das zottige Halsfell besteht aus den Lagunen, Buchten und Mangrovensümpfen des Biosphärenreservates Sian Ka'an; hinter den Ohren mündet wie ein feines Halsband der Río Champóton, Yucatáns einziger oberirdischer Fluss. Und Mérida, die größte Stadt der Peninsula, blitzt als waches Auge. Auf der beginnenden Flanke dehnt sich unendlicher Regenwald aus, unter dem sich noch unzählige, bislang kaum erforschte Maya-Heiligtümer verbergen. Ein echtes Terrain für Abenteurer.

Vielfältiges Stadtleben

Wer es weniger aufregend mag, startet aus dem von modernster Architektur geprägten Cancún – mit Ricardo Legoretta, der bereits für die Olympischen Spiele 1968 in Mexiko-City ein Aufsehen erregendes Ensemble aus Architektur, bildender Kunst und Gartengestaltung schuf, und Juan Sordo Madaleno setzten hier zwei der renommiertesten mexikanischen Baumeister der Moderne kühne Ausrufezeichen – oder dem trotz rasanten Wachstums noch immer charmanten Badeort Playa del Carmen zu organisierten Ausflügen in das Hinterland.

Auf den Spuren der Sisal-Barone lässt es sich rund um Mérida wandeln: Ihre ehemaligen Haciendas wurden zum Teil in kleine Luxushotels umgewandelt, und mancherorts rattert in ihrer Nähe auch noch eine *raspadora*

... und herrliche Strände wie in Playa del Carmen bietet die Halbinsel

oder dreht sich ein Seiler-Rad, mit dessen Hilfe geschickte Männerhände die getrockneten Agaven-Fasern zu Tauen ausziehen.

Mérida selbst, die größte Stadt der Halbinsel, spiegelt den Reichtum wieder, den das ›grüne Gold‹ um die Wende zum 20. Jh. brachte. In seinem pulsierenden Altstadtkern vereint es prachtvolle Kolonialzeitarchitektur und zeitgenössischen Alltag. Campeche indes, das farbenfroh restaurierte Piratenstädtchen mit seinen Bastionen und Forts, strahlt in seinem *centro histórico* eher Beschaulichkeit aus, ähnlich wie Valladolid und Izamal. Beide zählen zu den frühen Gründungen der Konquistadoren, die – wie an vielen anderen Orten auch – die dortigen Maya-Heiligtümer vernichteten, um auf deren Fundamenten und mit deren Steinen ihre neue, spanische Welt zu errichten.

Schmelztiegel der Kulturen

Maya, Mestizen, Ladinos, Kreolen, Beduinas – Yucatáns Bevölkerung ist ein im Sinne des Wortes farbenreiches Gemisch. Die Mehrheit bilden Nachkommen aus Verbindungen zwischen den spanischen Eroberern und den *indígenas*, d. h. den präkolumbischen Ureinwohnern. Manche Mischfamilien weisen aber auch afrikanische oder asiatische Vorfahren auf.

Verantwortlich für die exotischen Stammbaum-Einflüsse ist vor allem der rege Handel, welchen die lange Zeit vom übrigen Mexiko isolierte Region mit diesen Überseeländern trieb. Über Jahrhunderte hinweg war der Kontakt zu ihnen intensiver als zum Mutterland. Mit den Konquistadoren schwappte dann eine Welle spanischer Traditionen ins Land. Die Maya, nach dem Niedergang des Azteken-Reiches dominierendes Volk in Yucatán, wehrten sich natürlich kräftig gegen die neuen Herrscher und ihre Konventionen. Grausam wurden sie daraufhin unterdrückt und versklavt, noch bis zum Anfang des 20. Jh. von den *hacienderos* auf den Rinder- und Sisal-Farmen ausgebeutet.

Auch Revolution und neue Verfassung brachten für die Maya keine deutliche Verbesserung ihrer Lebensumstände. Zwar kam es in Yucatán nicht zu Aufständen wie im Nachbarstaat Chiapas, wo die Zapatisten 1994 erstmals wieder ihren Unmut über soziale und wirtschaftliche Benachteiligung der *indígenas* öffentlich machten. Noch immer aber ist die Gleichstellung der indianischen Minderheit auch in Yucatán ein Politikum. In vielen Alltagsdetails bilden die verschiedenen Kulturen indes bereits jene Symbiose, die der Region ihr einzigartiges Flair verleiht – auch wenn vielerorts Armut hinter der pittoresken Fassade nistet.

Tourismus als Hoffnung

Seit den 1970er Jahren spielt der Tourismus auf der Halbinsel Yucatán eine zunehmend wichtigere Rolle. Die am Reißbrett geplante Ferienenklave Cancún machte die Region vor allem beim Nachbarn USA zum Shooting-Star in Sachen Urlaubstrip. Inzwischen haben sich an der Küste des Bundesstaates Quintana Roo auch eine Vielzahl europäischer Investoren angesiedelt und locken sonnenhungrige Gäste in ihre Hotelpaläste.

Auch im benachbarten Bundesland Yucatán – das die meisten Maya-Stätten bündelt und neben der attraktiven Hauptstadt Mérida zwei riesige Naturparkregionen in die Waagschale werfen kann – mausert sich der Fremdenverkehr immer mehr zum zentralen Wirtschaftsfaktor. Handwerk und Kunsthandwerk *(artesanías)* profitieren dadurch ebenfalls. Weitere Einnahmen bringt das Bier – in und um Mérida arbeiten mehrere Brauereien. Auch die so genannten *maquiladoras* tragen zum Lebensunterhalt der Yucatekis bei: Gegen billigen Peso-Lohn lassen ausländische Firmen in diesen ›Lohnveredelungsbetrieben‹ Textilien, Elektro- und Autoteile fertigen, die sie dann zollfrei ausführen dürfen.

Ansonsten wird Landwirtschaft betrieben; zu jedem Dorfhäuschen gehört ein eigenes kleines Gärtchen, und in manchen Gebieten ziehen sich die Obstplantagen kilometerweit. In großem Stil angebaut werden vor allem Mais, Reis und Zuckerrohr, außerdem Zitrusfrüchte, Mangos, Papayas, Avocados und Bananen. Blumen- und Viehzucht spielen ebenfalls eine nicht unbedeutende Rolle. In geringen Mengen wird zudem Kautschuk gewonnen. Traditionelle Ausfuhrprodukte sind Salz, Honig und Wachs.

Yucatáns dritter Bundesstaat Campeche profitierte wirtschaftlich lange Zeit von den Ölfunden im Golf von Mexiko. Die raue See vor seiner Küste und das von Sümpfen umgebene Lagunengebiet von Términos schätzen vorwiegend die Einheimischen. Das Hinterland ist nur spärlich besiedelt, die Maya-Stätten liegen fast unerreichbar im dichten Dschungel, selbst die eindrucksvollen Tempel von Edzná nahe der Bundeshauptstadt Campeche steuern fast nur Individualisten an. Vom farbenfroh restaurierten Kolonialcharme dieser Küstenmetropole und ihrem typisch mexikanischen Alltagsflair erzählen meist nur jene Reisenden, die hier für eine Nacht Station machen auf dem Weg nach Palenque.

Im Reich der Troubadoure

Wie überall in Mexiko gehört Musik auch in Yucatán zum Alltagsrhythmus. Live-Bands spielen schon mittags in manchen Restaurants mit Samba, Rumba und Salsa zum Tanz auf – das nahe Cuba lässt grüßen. Zu Fest- oder Feiertagen und in den Touristenhochburgen werden gerne *mariachi*-Gruppen angeheuert, und aus den in fast jeder Dorfkneipe laufenden Fernsehapparaten plärren lautstark die neuesten US-amerikanischen Hits. Spanische Wurzeln hat die *jarana,* das von einer Blaskapelle und von abwechselnd im Stampf- und Walzerrhythmus tanzenden Männern und Frauen erzeugte ›lärmende Vergnügen‹. Es gehörte ursprünglich zur Feier, die sich auf den Haciendas an das Brandmarken des Viehs anschloss.

Yucatáns musikalische Besonderheit aber ist die *trova,* die Kunst der Troubadoure. Als Duo, Trio oder vielköpfige

Truppe treten diese Musiker und Sänger auf, immer mit Gitarre, oft auch mit Geige und Violine. In den 1920er Jahren hatte die *trova yucatéca* ihre große Zeit; sogar in Nordamerika wurden Platten mit den einschmeichelnden yucatekischen Balladen aufgenommen. Inzwischen erleben die von kolumbianischen und cubanischen Klängen beeinflussten, wortreich betexteten Melodien eine beachtliche Renaissance.

Viel Liebe und Leid schwingt in den Tönen und Versen, viel Schönheit und Sehnsucht. Eine Mischung, die dem Land und seinen Menschen perfekt entspricht, die sich einnistet in der Erinnerung und Lust macht, wiederzukommen in diese Region voller faszinierender Gegensätze, die selbst ihren aktuellen Namen – so heißt es in der Legende – der Konfrontation zweier Kulturen verdankt. Denn da die Maya das Idiom der spanischen Eroberer nicht kannten, antworteten sie auf deren Frage nach dem Landesnamen nur mit dem Satz: »Ma c'ubab than!« – wir verstehen Eure Sprache nicht. Später wurden diese Worte verballhornt zu Yucatán.

Die Halbinsel Yucatán in Zahlen

Lage: Die vorwiegend flache Halbinsel Yucatán liegt im Südosten Mexikos zwischen dem Golf von Mexiko und der Karibik. Geographisch gehört zur Halbinsel auch der nördliche Teil der beiden Nachbarstaaten Belize und Guatemala.

Verwaltung: Die (auf mexikanischer Seite) ca. 140 000 km^2 große Halbinsel ist verwaltungstechnisch zu fast gleichen Teilen vergeben an die drei Bundesländer Campeche (Hauptstadt: Campeche), Yucátan (Hauptstadt: Mérida) und Quintana Roo (Hauptstadt: Chetumal). Der Bundesstaat Yucatán besitzt mit 40 000 km^2 den kleinsten Part.

Bevölkerung: Auf der Halbinsel leben ca. 3, 2 Mio. Menschen; etwa die Hälfte davon im Bundesstaat Yucatán und hier wiederum hauptsächlich in der Hauptstadt Mérida (925 000 Ew.). Die andere Hälfte verteilt sich annähernd paritätisch auf Quintana Roo (875 000 Ew., davon 500 000 Ew. in Cancún) und Campeche (700 000 Ew., davon 200 000 Ew. in der gleichnamigen Hauptstadt).
Rund 60 % der Bevölkerung sind Mestizen – Nachkommen aus Verbindungen zwischen indianischen Ureinwohnern und spanischen Eroberern –, 30 % Maya-Nachkommen, 10 % anderer Herkunft.

Sprache: Spanisch; außerdem verschiedene Maya-Dialekte.

Religion: Das Gros der Bevölkerung bekennt sich zum katholischen Glauben; vor allem auf dem Land werden aber nach wie vor parallel zu den christlichen Heiligen auch prähispanische Götter verehrt.

Wirtschaft: Zu den wichtigsten Einnahmequellen gehören der Tourismus, die Ölindustrie und die Landwirtschaft.

Geschichte

Der Palast des Gouverneurs in Uxmal

um 3000 v. Chr.	Erste Siedler lassen sich im Gebiet des späteren Maya-Reichs nieder.
1500 v. Chr	An der Golfküste erblüht die Kultur der Olmeken.
900–400 v. Chr.	Zwischen Mérida und Campeche gibt es erste Maya-Siedlungen.
500–900 n. Chr.	Das Reich der Maya erlebt seine erste Blüte. Um 900 n. Chr. bricht das Maya-Reich zusammen. Chichén Itzá wird aufgegeben; es beginnt ein kultureller Austausch mit den kriegerischen Tolteken.
1451	Mayapán, die letzte der bedeutenden Maya-Stätten in Yucatán, geht unter.
1517/18	Hernández de Córdoba entdeckt bei seiner Erkundungsfahrt an der Ostküste Yucatáns die Isla Mujeres, ein Jahr später landet der Spanier Hernán Cortéz auf der Isla de Cozumel.
1527–1542	Mitglieder der spanischen Familie Montejo unternehmen einen ersten Versuch, die Halbinsel zu erobern. 1540 gründet Montejo der Jüngere an der Küste die Stadt San Francisco de Campeche, 1542 folgt die Gründung Méridas durch Francisco de Montejo – mit den Steinen der einstigen Maya-Stadt T'ho.
1546	Yucatán steht unter spanischer Herrschaft. Franziskanermönche beginnen mit der Missionierung der Bevölkerung, errichten Klöster und Kirchen.
1810–1821	Mexiko kämpft um seine Unabhängigkeit von Spanien. Yucatán beteiligt sich nicht.
1823	Mexiko wird Republik, Yucatán schließt sich an.

1840	Yucatán erklärt seine Unabhängigkeit von Mexiko.
1847	Die von den weißen Landbesitzern zu Frondiensten gezwungene Maya-Bevölkerung erhebt sich. Es kommt zum grausamen Krieg der Kasten.
1848–1850	Einige der Maya-Rebellen gründen im Osten der Halbinsel das Maya-Reich Chan Santa Cruz.
1863	Campeche wird mexikanischer Bundesstaat.
1902	Chan Santa Cruz wird zum Bundesterritorium Quintana Roo.
1910	Beginn der sozialen Revolution. Für die Maya von Yucatán ergeben sich allerdings keine Verbesserungen.
1917	Verabschiedung der mexikanischen Verfassung.
1922	Felipe Carillo Puerto wird Gouverneur von Yucatán. Er will die Forderungen der Revolution durchsetzen. Konterrevolutionäre erschießen ihn 1924.
1970	Um das Fischerdorf Cancún beginnt der Bau einer modernen Reißbrettstadt für Touristen.
1974	Quintana Roo wird mexikanischer Bundesstaat.
1979	Vor der Küste Campeches entdeckt man große Erdölfunde.
1988	Die Maya-Stätte Chichén Itzá wird in die Liste des UNESCO-Weltkulturerbes aufgenommen. 1996 folgt Uxmal, 1999 Campeche.
1998	Ausgrabungen bringen bei Valladolid und am Río Bec neue Maya-Stätten ans Licht.
2000/2001	Bei den Präsidentschaftswahlen im Dezember 2000 siegt der rechtskonservative Vicente Fox. Seine PAN-Partei löst die jahrzehntelang herrschende Revolutionspartei ab.
2002	Ein Hurrikan fügt im September rund um Mérida zahlreichen Haciendas schwere Schäden zu.
2003	Im Dezember erfolgt der erste Spatenstich für das Tourismusprojekt ›Puerto Cancún‹. Es soll 1500 Hotelzimmer, einen Yachthafen mit 350 Liegeplätzen, einen Profi-Golfplatz sowie Wohnungen und Einkaufszentren umfassen.

Gut zu wissen

Handeln gehört beim Einkauf dazu: in der Markthalle von Tecoh

Archäologische Stätten

Yucatáns Maya-Stätten sind eintrittspflichtig. Die Kosten schwanken je nach Größe des Geländes zwischen 15 und 75 Pesos. Nur an Sonntagen und bestimmten Feiertagen (z. B. Geburtstag von Benito Juárez) ist der Zugang kostenlos. Alle Maya-Stätten sind offiziell tgl. 8–17 Uhr geöffnet.

Drogen

Drogenbesitz ist in Mexiko verboten und wird streng bestraft – mit mindestens zehn Jahren Haft, ungeachtet der gefundenen Drogenmenge.

Elektrizität

Die Wechselstromspannung beträgt in Mexiko 110 Volt und 60 Hertz, üblich sind Flachstecker wie in den USA (Adapter erforderlich). Achtung: Mitgebrachte Elektrogeräte, die nicht auf 110 Volt umgestellt werden können, funktionieren nicht.

Fotografieren

Die meisten *indígenas* wollen nicht fotografiert werden, sie wenden den Kopf ab oder bedecken das Gesicht. Dabei geht es ihnen in der Regel nicht darum, Geld zu erhalten für ihr Porträt, sondern sie glauben, durch die Kamera schaue der Fremde in ihre Seele. Man sollte daher vorher unbedingt um Erlaubnis bitten, bevor man auf den Auslöser drückt. Kein Verständnis haben die tief religiösen Mexikaner für Kirchenbesucher, die während einer Messe ungeniert fotografieren oder während Menschen ins Gebet vertieft sind.

In fast allen Museen und archäologischen Stätten ist das Fotografieren und Filmen nur mit einer Foto- und Filmerlaubnis möglich. Fragen Sie an der Kasse. Für das Benutzen eines Stativs wird eine Gebühr fällig, ebenso für das Filmen mit der Videokamera, und zwar in jeder einzelnen Anlage. Blitzlicht ist dort grundsätzlich verboten.

Filme und auch deren Entwicklung sind in Mexiko meist teurer als in Deutschland. Im ganzen Land findet man Geschäfte von Fuji oder Kodak, wo man die Bilder (auch von Digitalkameras) schon in wenigen Stunden entwickelt bekommt; sie haben allerdings ein etwas anderes Format, als wir wir es in Europa gewohnt sind.

Frauen allein unterwegs

Generell kann man als Frau allein problemlos reisen. Allerdings sollte man möglichst auf aufreizende Kleidung verzichten und nachts nicht alleine Auto fahren. Auch von Solo-Besuchen in Diskotheken, einsamen Strandspaziergängen und unbegleitetem nächtlichen Bummeln durch dunkle Straßen ist abzuraten. Einige Touristinnen sind gezielt auf Urlaubsflirts mit mexikanischen Männern aus, und so mancher von ihnen denkt nun, jede freundlich-lockere *gringa* warte nur auf sexuelle Abenteuer. Schon die Annahme einer Esseneinladung kann in Augen des ›Latin Lovers‹ als Freibrief ankommen. Aber nicht jeder Pfiff oder Ruf muss gleich als Belästigung gewertet werden. Wenn ein Mexikaner einer Frau »ola, qué guapa!« (»Hallo, wie schön du bist«) hinterher ruft, kann sie das ruhig mit einem fröhlichen Lachen quittieren und ansonsten unbeirrt ihren Weg fortsetzen. Das tun die Mexikanerinnen auch.

Handeln

Handeln gehört in Mexiko zum Alltag – zumindest auf den Märkten. Und immer nach der Devise: höflich und freundlich. Falls der Verkäufer Ihres Erachtens immer noch nicht genug nachlässt beim Preis, dankend nein sagen und gehen. Wenn er hinter Ihnen herläuft, haben Sie gewonnen. Wenn nicht, war Ihr Angebot eine Beleidigung.

Höflichkeit & Gastfreundschaft

Mexikaner legen sehr viel Wert auf Höflichkeit. Ein Herr steht beispielsweise noch auf, wenn eine Dame im Restaurant an den Tisch tritt und lässt es sich nicht nehmen, die Rechnung für sie zu begleichen. Ihr Widerspruch käme – zumindest ab der Nach-Studenten-Generation – einer Beleidigung gleich. Jeder Mexikaner fühlt sich geehrt, wenn er einen Ausländer bewirten darf. Auch hier wird eine Ablehnung als ehrenrührig empfunden. Das heißt jedoch nicht, dass der Gast sich danach nicht revanchiert und seinerseits eine Runde Bier oder Tequila bestellt oder beim nächsten Mal zum Essen einlädt. Aber nicht protzig werden; gegen aufschneiderisches Gehabe von Ausländern sind Mexikaner besonders empfindlich. Selten kommt ihnen auch auf die Frage eines Fremden nach einer Auskunft der Satz »Ich weiß nicht« über die Lippen. Höflichkeit und Ehrgefühl gebieten es ihnen vielmehr, zu antworten – auch wenn sie die korrekte Antwort nicht kennen....

Kleider machen Leute

Mexikaner legen Wert auf korrekte Kleidung. Natürlich fällt sie je nach sozialem Status unterschiedlich aus. In den großen Städten tragen die Damen besserer Kreise auch in der größten Hitze Nylons oder Feinstrumpfhosen. Tourist(inn)en gegenüber ist man generell toleranter. In Shorts in ein Restaurant zu gehen ist allerdings – auch für Männer und selbst in kleineren Städten – auf jeden Fall tabu. Allenfalls in den Badeorten besteht diese Möglichkeit mitunter. Wer Kirchen besuchen möchte, sollte ebenfalls auf geziemende Kleidung achten und von Shorts und Mini-Tops Abstand nehmen.

Mein Haus? Dein Haus?

Eine gängige Redewendung in Mexiko ist »*Tu casa es mi casa*«. Wörtlich übersetzt heißt sie »Dein Haus ist mein Haus«. Gemeint ist aber genau das Gegenteil, also, »mein Haus ist Dein Haus«, will sagen: »fühl Dich bei uns wie zuhause, du bist jederzeit willkommen«. Wenn Mexikaner also eine Verabredung treffen »bei Dir/Ihnen« zu Haus, bedeutet dies, dass sie selbst in ihren eigenen vier Wänden den Gastgeber spielen wollen. Zu spät kommen ist übrigens kein grober Faux Pas, bis zu einer Stunde gilt als üblich. Nur unangemeldeten Besuch bekommen die Mexikaner nicht gerne.

Nackte Haut

FKK und Oben-ohne-Baden ist offiziell nicht gestattet; gerade in Cancún sieht man am Strand jedoch reichlich blanke Busen. Bei allein reisenden Frauen wertet das so mancher Einheimische freilich als freizügige Einladung...

Preisniveau

Yucatán hat hinsichtlich seiner Preise zwei Gesichter: jenes, das auf die (vor allem amerikanischen) Touristen zugeschnitten ist und das für die Einheimischen. Als Faustregel gilt: Wer reist und lebt wie die Yucatecis, kommt im Urlaub auch mit einem schmalem Budget aus; Freizeit- und Fun-Aktivitäten schlagen hingegen stets kräftig zu Buche. Die Nacht in der Jugendherberge kostet umgerechnet ab 6 € pro Person, ein einfaches Pensionszimmer in Mérida oder Campeche ab 20 €. Für rund 5 € kann man sich in einer einfachen Cantina satt essen.

Reisezeit & Klima

Das ganze Jahr über herrschen auf der Halbinsel tropische Temperaturen mit Durchschnittswerten um 25° C. Im Binnenland (Mérida) bringen aber schon die Frühlingsmonate mitunter 36° C, der Sommer manchmal über 40° C. Die Nachttemperaturen sinken selten unter 16° C. An den Küsten sorgt eine stete Brise für Abkühlung, im Dezember/Januar ist überall mit kühlen Winden zu rechnen.

Die Regenzeit (Juni/Juli sowie Oktober/November) bringt Schauer und feuchtwarmes Klima (ca. 20 Regentage im Monat). Im europäischen Herbst kann der Nordostpassat heftig stürmen (mehr als 200 km/h, statistisch gesehen nur alle 15 Jahre). Die mexikanische Karibik lockt ganzjährig mit Temperaturen um 24° C.

Schließfächer

Wer zu viel Gepäck mit sich herumschleppt, findet an den Busbahnhöfen der größeren Städte wie Cancún, Playa del Carmen oder Mérida Schließfächer, in denen das Gepäck auch über mehrere Tage aufbewahrt werden kann (ca. 50 Pesos/Tag).

Souvenirs

Spezielle Touristenmärkte enttäuschen in der Regel. Qualität bieten die Läden von FONART, einer staatlichen Einrichtung zur Förderung des Kunsthandwerks, und Spezialgeschäfte. Erwerben kann man hier z. B. schöne Keramik, Glas- und Metallwaren, Holzarbeiten und Korbwaren.

Eines der beliebtesten Yucatán-Mitbringsel sind Hängematten. Straßenhändler bieten sie in nahezu allen Ferienorten schon für wenige Pesos an. Liegen kann in diesen billigen, grobmaschigen Baumwoll- oder Nylon-Geflechten aber höchstens ein kleines Kind. Gute *hamacas* kosten mindestens 500 Pesos. Je feiner das verwendete Garn und je enger die Maschen, desto besser die Qualität. Es gibt vier verschiedene Größenvarianten: *Normal* bedeutet nach europäischen Maßstäben gerade ausreichend für ein Kind, *doble* bietet Platz für einen Erwachsenen, *matrimonial* fasst ein Paar und *grande* bis zu fünf Personen. Wer Zeit hat, gibt am besten eine *hamaca* in Auftrag. Vor allem in den Dörfern um Mérida steht in fast jedem Haushalt ein Hängematten-Webstuhl. Normalerweise in ein bis zwei Wochen ist die gewünschte Matte fertig gestellt.

Spartipps & Ermäßigungen

In Cancún bekommt man schon am Airport Heftchen mit Discount-Gutscheinen; Hotels gewähren oft die siebte

Nacht gratis. Große Freizeitparks wie Xel-Ha bieten am Wochenende günstigere Eintrittspreise, und wer die Tickets per Internet kauft, spart nochmals 10 %.

Straßenschwellen *(Topes)*

Die ›Maulwurfshügel‹ aus Beton liegen hauptsächlich an Ortseingängen und sollen Auto- wie Motorradfahrer zwingen, ihre Fahrtgeschwindigkeit zu reduzieren. In der Regel weisen Piktogramm-Schilder auf die recht hohen Bodenschwellen hin. Mitunter aber fehlen diese Warnungen – und/oder die *topes* sind im langen Schatten von Bäumen unsichtbar. Vorsicht also beim Einfahren in ein Städtchen oder ein Dorf. In den Küstenorten ersetzen meist dicke Taue die Schwellen aus Beton. Aber auch sie sollte man möglichst schräg queren, um die Stoßdämpfer nicht überzustrapazieren. Im Übrigen gilt es bei Stadt- wie Überlandfahrten im eigenen (oder Miet)-Wagen stets zu bedenken, dass der Führerschein in Mexiko einfach gegen Bares ausgegeben wird. Übungsstunden, Theorie, Augen-Untersuchung und Fahrprüfung sind nicht obligatorisch.

Trinkgeld *(Propina)*

Bei zum Teil erschreckend niedrigen Löhnen sind Kellner, Zimmermädchen, Schuhputzer, Taxifahrer, Tourguides etc. dankbar für eine *propina*. Mitunter werden Fremde in Sachen Trinkgeld freilich kräftig abgezockt. So kann es vorkommen, dass Hotels sowohl bei der Minibar-Rechnung als auch bei den Kosten für den Wäscheservice neben der Steuer noch eine *propina* aufschlagen. Das Fläschchen Bier aus dem Zimmerkühlschrank kostet somit statt 25 Pesos – wie auf der Preisliste ausgewiesen – letztlich 32 Pesos. Ein durchschnittliches Trinkgeld von 10 bis 15 % der Rechnung sollte nach Ermessen der Qualität gezahlt werden.

Abseits der Hotelviertel beachten

Auch wenn mancher die Nase rümpft: Außerhalb der modernen Hotelviertel ist es vielerorts üblich, Toilettenpapier und Hygieneartikel nicht in die Kloschüssel, sondern daneben in dem eigens dafür bereit gestellten Eimer zu entsorgen. Auf diese Weise soll ein Verstopfen der Toiletten vermieden werden, denn eine funktionierende Kanalisation ist längst noch nicht überall die Regel. Oft muss sogar ein Eimer Wasser die Aufgabe der Spültaste übernehmen.

Trinkwasser

Das Leitungswasser in Mexiko eignet sich nicht zum Trinken. Das Trinkwasser wird im gesamten Land durch Wasserverkäufer vertrieben. Sie liefern Wasser in Kanistern *(agua de garrafónes)*, die in der Regel 20 Liter fassen, zu einem sehr günstigen Preis. Es empfiehlt sich, ausschließlich Mineralwasser, gereinigtes Trinkwasser *(agua purificada)* oder abgekochtes Leitungswasser zu trinken. Gesichtswäsche und Duschen sind mit Leitungswasser problemlos möglich, Zähneputzen ist im Sinne des Wortes ›Geschmacksache‹.

Zeitunterschied

Mexiko hat drei Zeitzonen, die Halbinsel Yucatán gehört zur Zone der *Hora Central* (MEZ minus 7 Std.). Vom ersten Sonntag im April bis zum ersten Sonntag im Oktober herrscht Sommerzeit (die Uhr wird eine Stunde vorgestellt).

Feste & Unterhaltung

Regionale Tanzgruppe in Mérida

Feiertage

1. Jan.: Neujahr *(Año Nuevo)*
5. Feb.: Tag der Verfassung *(Día de la Constitución)*
21. März: Geburtstag des ehemaligen Präsidenten und Nationalhelden Benito Juárez *(Natalicio Benito Juárez)*
Karwoche und **Ostern** *(Semana Santa* und *Pasqcua)*
1. Mai: Tag der Arbeit *(Día del Trabajo)*
5. Mai: Schlacht von Puebla *(Batalla de Puebla),* Sieg über die Franzosen 1862
1. Sept.: Bericht zur Lage der Nation *(Informe Presidencial)*
16. Sept.: Unabhängigkeitstag *(Día de la Independencia)*
12. Okt.: Tag der Entdeckung Amerikas *(Día de la Raza)*
1./2. Nov.: Allerheiligen *(Día de los Santos),* Allerseelen *(Día de los Muertos)*
20. Nov.: Tag der mexikanischen Revolution *(Revolución Mexicana)*
12. Dez.: Erscheinung der Jungfrau von Guadalupe *(Virgen de Guadalupe)*
25. Dez.: Weihnachten *(Navidad)*

Feste & Events

Musik, Tanz und *fiestas* sind auch in Yucatán fester Bestandteil des Alltagslebens. In der *fiesta,* so schreibt der mexikanische Literatur-Nobelpreisträger Octavio Paz in seinem Werk ›Das Labyrinth der Einsamkeit‹, lerne der Besucher das Wesen des Mexikaners kennen. »Für uns bedeutet *fiesta* Explosion, Ausbruch.« Gefeiert wird in Mexiko alles: von der *quinceañera,* dem 15. Geburtstag der Mädchen, die zu diesem Zeitpunkt – davon waren zumindest die Azteken überzeugt – die Schwelle zum Frau-Sein überschreitet und ins heiratsfähige Alter kommen, über die Ernte und die Sonne bis hin zu den Schutzheiligen (s. S. 20). Und so vergeht kaum ein Tag ohne Feier.

Januar

Heilige Drei Könige *(Los Reyes Magos)*: Am 6. Januar erhalten die Kinder wie zu Weihnachten Geschenke; nach spanischer Tradition werden allerdings jetzt, nachdem es zu *navidad* nur Nützliches gab wie Kleidung und Schuhe, endlich die Spielsachen verteilt. Außerdem gehört zur Feier das gemeinschaftliche Essen der *Rosca de Reyes:* In der Familie, unter Freunden oder Kollegen wird ein riesiger, mit kandierten Früchten verzierter Hefekranz aufgeteilt. Je nach Größe befinden sich in dem Hefekranz eine oder mehrere kleine weiße Plastikpuppen, die das Jesuskind symbolisieren. Wer so eine Figur in seinem Stück erwischt, muss für die anderen im Februar, am *Dia de Candelaria* (s. u.), eine Fiesta geben. Meist organisieren die Personen, die auf die Püppchen im Drei-Königs-Kuchen gestoßen sind, gemeinsam die *fiesta,* bei der es traditionell *tamales* gibt.

Februar & März

Mariä Lichtmess *(Día de la Candelaria,* 2. Feb.): Besonders die Gläubigen von Valladolid, Champóton und Tecoh begehen dieses katholische Fest mit Messen und Prozessionen.

Karneval: Vor allem die Städte feiern Karneval auch in Yucatán mit bunten Paraden, Musikgruppen spielen in verschiedenen Lokalitäten zum Tanz, an Straßenständen wird geschmaust und zum Ausklang der ausgelassenen Festlichkeiten der ›Juan Carnival‹ verbrannt.

Cancún bildet meist terminlich das Schlusslicht der närrischen Veranstaltungen, die eher an die karibische Variante dieses Festes erinnern als an die europäische. Auf der Isla de Cozumel und in Mérida wird der Karneval besonders farbenprächtig gefeiert, erstere hat sich den *Mardi Gras* von New Orleans zum Vorbild genommen. Campeche rühmt sich, den ältesten Karneval der Halbinsel zu haben: Schon 1582 soll er erstmals gefeiert worden sein.

April & Mai

Honigfest *(Féria de la Miel,* Mitte April): Markt, Feuerwerk und Tänze in Hopelchén.

Juli

Kunsthandwerksmesse Tunich (Ende des Monats): Seit 2002 wird in Dzitya, ungefähr 10 Autominuten nördlich von Mérida, diese Messe abgehalten. Mehr als hundert Kunsthandwerker sind daran beteiligt. Das Rahmenprogramm umfasst Musikgruppen, regionale Tanz- und Ballettdarbietungen, Theater und Aktivitäten für Kinder. Auch eine Hühner- und Schafausstellung gehört dazu sowie typische Gastronomie.

August

Maria Himmelfahrt *(Asunción de la Virgen,* 15. Aug.): In vielen Städten und Dörfern feiert die Bevölkerung mit Messen, einer Prozession, Musik und Straßenständen. Besonders eindrucksvoll gestaltet diesen Tag Izamal.

Faszinierende Licht- und Schattenspiele

Zweimal im Jahr, an den beiden Tagen der Tagundnachtgleiche (Äquinoktium), locken faszinierende Licht- und Schatten-Phänomene viele Schaulustige zu den Maya-Stätten von Chichén Itzá und Dzibilchaltún: Um den 21. März – dem Frühjahrs-Äquinoktium – erweckt das Spiel von Hell und Dunkel in Chichén Itzá den Eindruck, eine Schlange krieche die große Pyramide herab; in Dzibilchaltún lässt die Sonne an diesem Tag den Tempel wie eine von innen erhellte Maske leuchten. Zum Herbst-Äquinoktium um den 23. September entfaltet das Licht auf den Steinen der beiden Gebäude noch einmal einen ähnlichen, sinnentäuschenden Zauber. In Chichén Itzá erfolgt das natürliche Licht-Spektakel jeweils zum Sonnenuntergang, in Dzibilchaltún hingegen bei Sonnenaufgang. Auch in jenen Maya-Stätten, die zur Tagundnachtgleiche nicht mit einem optischen Phänomen aufwarten können, sieht man an diesen Tagen mitunter noch Maya, die vor dem Haupttempel Zwiesprache mit ihren Göttern halten.

Dankfeiern für den Schutzheiligen

Den Namenstag seines oder seiner Schutzheiligen (manche Dörfer haben gleich zwei!) feiert jedes Dorf mit einem mehr oder minder aufwändigen Fest. Die feierliche Prozession, bei der die Statue des *santo* über eine bestimmte Strecke getragen wird, gehört ebenso dazu wie die – meist improvisierte – Riege von Tischen und Ständen, an denen selbst gemachte Snacks, Fritten und Bier verkauft werden. Mitunter arrangieren die *rancheros* der Gegend auch eine *corrida,* bei der sich ihre besten Stiere in einer luftigen, aus Ästen und Palmblättern zusammengezimmerten Arena mit einem nach spanischer Art gekleideten *torrero* messen. Nach ein paar Minuten fangen Reiter den ›besiegten‹, d. h. ermatteten Stier mit Lassos wieder ein.

November

Allerheiligen/Allerseelen *(Día de los Santos/Día de los Muertos*, 1./2. Nov.): Mit skurrilen Opfergaben wie Marzipan-Totenköpfen oder gar mit einem Picknick am Grab gedenken die Lebenden ihrer toten Angehörigen an den ersten beiden November-Tagen. Die Festlichkeiten beginnen bereits am 31. Oktober. An diesem Tag, so glauben die Maya, in deren Sprache das Fest *Hanal Pixán* heißt, kommen die Seelen der Verstorbenen, um Angehörige und Freunde zu besuchen. Um die treuen Toten willkommen zu heißen, bauen viele Familien im Wohnraum einen kleinen Altar mit Speisen und Getränken auf. Oft handelt es sich dabei um die Lieblingsspeisen der Toten. Nach dem Glauben der yucatekischen Maya bleiben die Toten gut eine Woche zu Besuch. Daher wird meist am 7./8. November ein weiteres Festessen gegeben, um sie zu verabschieden.

Dezember

Posadas: In den neun Tagen vor Weihnachten wird überall in Mexiko die Flucht der Heiligen Familie aus Ägypten und ihre Herbergssuche (*posada* bedeutet Herberge) nachgespielt. Ab dem 16. Dezember finden öffentliche Posadas statt, die anschließend in einer *pastorela* (religiösen Theateraufführung) auf einem Platz enden. Viel mehr als öffentliche Umzüge werden aber private Posadas gefeiert.

Weihnachten *(navidad):* Der 24. Dezember ist in Mexiko kein gesetzlicher Feiertag; die Geschäfte haben bis zum späten Abend geöffnet. Zudem ist *navidad* kein Fest der inneren Einkehr, sondern eine fröhliche Familienfiesta. Nach der Mitternachtsmesse setzt man sich zum gemeinsamen Essen; oft gibt es Truthahn, mitunter auch *tamales* oder Fisch. In dieser Nacht wird auch das Jesuskind in die bislang leere Krippe gelegt. In vielen Familien gibt es darüber hinaus eine besondere Puppe, fast so groß wie ein richtiges Baby. Diese Puppe – ›*el niño Jesus*‹ – ist erst nackt und wird dann in ein weißes Tuch oder in Spitze eingewickelt, in den Armen gewiegt und besungen. Anschließend gibt es für alle Geschenke. Nach mexikanischem Empfinden sollte keiner Weihnachten alleine verbringen müssen, und so kommt es auch immer wieder zu Einladungen von Personen, die nicht zum engsten Familienkreis gehören. Oft wird nach den Essen noch bis zum frühen Morgen Musik gemacht und getanzt.

Unterwegs mit Kindern

Das Urlaubsziel Yucatán

Ganz Mexiko ist ein absolutes Paradies für Kinder. Sie haben Narrenfreiheit – überall. Wer sich als Fremder im Hotel, Restaurant, Bus, Zug oder Flugzeug über lärmende und tobende Sprößlinge aufregt oder sich gar beschwert, erntet von den Einheimischen nur Unverständnis. Sogar in der Kirche dürfen die Knirpse laut lachen, weinen oder herumrennen. Kinder sind in Mexiko kleine Könige. Das gilt für die einheimischen ebenso wie für fremde. Blonder Nachwuchs erfreut sich besonderer Beliebtheit; ihm wird gerne, auch wenn es nicht der eigene ist, über den Kopf gestreichelt. Mitunter bitten die Mexikaner Touristen sogar, ein Foto von ihnen und Ihren Kindern machen zu dürfen.

Kinderfreundlicher Service

In dem touristischen Korridor zwischen Cancún und Tulum ist man ganz auf amerikanische und europäische Klientel eingestellt. Windeln, Babynahrung, Spielsachen, Strandausrüstung etc. sind dort problemlos zu bekommen. Bei vielen Hotels können Baby- bzw. Zustellbetten gebucht werden; auch Hochstühle gibt es meist, mitunter sogar Babysitterservice. In Städten wie Mérida und Campeche sowie in den Dörfern darf man allerdings mit keiner speziellen Infrastruktur für Kinder rechnen.

Reisezeit

Während der europäischen Sommerferien herrscht in Yucatán entweder Regenzeit mit meist täglichen Schauern und feuchtwarmer Luft (Juli), oder die Sonne ›knallt‹ vom Himmel und heizt die Luft auf (August). Für Ferien mit schulpflichtigen Kinder eignen sich daher klimatisch besser Frühjahr oder Herbst.

Am Strand

Das karibische Meer ist das ganze Jahr schön warm; es gibt kaum Unterschiede zwischen den Temperaturen von Wasser und Luft. An den Stränden können die Kleinen jede Menge Muscheln sammeln, Burgen bauen und nach Herzenslust im Wasser herumplantschen. Was das Schwimmen anbelangt, sollten Eltern sich allerdings vorher unbedingt über eventuelle Unterwasserströmungen informieren.

An der Küste weht immer eine Brise. Das kann dazu führen, dass man die Kraft der Sonne leicht unterschätzt. Daher sollten die Kleinen stets gut eingecremt werden (mit Produkten mit hohem Lichtschutzfaktor) und T-Shirt sowie Kopftuch oder Mütze tragen.

Unternehmungen

Viele Hotelanlagen bieten großzügige Pools und Wasserparks an, wo Rutschen oder Röhren jede Menge Badevergnügen versprechen. Zahlreiche Hotels haben zudem eigene Kinderprogramme aufgelegt. Aber auch während eines Ausfluges auf eine Pyramide zu klettern, eine Krokodil- oder Schildkrötenfarm, uralte Höhlen oder einen kleinen Zoo zu besuchen, mit dem U-Boot oder Piraten-Schiff zu fahren, einem historischen Maya-Ballspiel oder der Flugschau der Vogelmenschen zuzuschauen, dürfte den Nachwuchs begeistern. Ein echter Familienhit sind die – zugegeben nicht ganz billigen – Freizeitparks, wo Groß und Klein gefahrlos schnorcheln, sich mit Lianen über's Wasser schwingen, mit Delphinen schwimmen, auf Ballonreifen einen Fluss hinabfahren oder sogar mit einem großen Glashelm auf dem Kopf über den Meeresboden wandern können.

Übernachten

Komfortable Hotelanlagen säumen die yucatekische Karibikküste

Unterkünfte für jeden Geldbeutel

Wohl kaum eine Region Mexikos hat so viele Unterkünfte zu bieten wie die Halbinsel Yucatán. Das Gros konzentriert sich freilich an der karibischen Küste: Rund 100 Hotels bzw. 20 000 Zimmer finden sich allein auf dem Gebiet von Cancún; ungefähr noch einmal so viele stehen in den etwa 300 Hotels an der Riviera Maya zu Verfügung. Das Angebot reicht von großen und luxuriösen Hotelkomplexen internationaler Ketten – einige von ihnen bieten auch ›All-Inclusive‹-Service – über Spa- und Designer-Hotels bis hin zu B & B's und *cabañas,* kleinen Hütten am Rande des Urwalds oder mit Blick aufs Meer mit mehr oder weniger Komfort.

Für das schmale Budget gibt es die *casas huespedes* (einfache Pensionen), sowie Jugendherbergen (*Albergues Juveniles* bzw. *hostels*). Eine Besonderheit sind die Hacienda-Hotels. Für Selbstversorger werden herrliche Villen angeboten; viele Hotelzimmer der höheren Kategorie sind mit Kitchenette ausgestattet. Wer nicht über einen deutschen Veranstalter bucht, sollte sich bei der Klassifizierung der Hotels nicht vom Sternenreigen blenden lassen; die Mexikaner haben ein anderes Verständnis von Luxus als jenes, dass im offiziellen europäischen Hotelkodex festgelegt ist.

Urlaubsorte im Überblick

Cancún steht für Beach, Nightlife und Fun; wer Ruhe sucht, ist hier fehl am Platz. *The american way of live* gibt sowohl auf der Landzunge als auch in der eigentlichen City den Ton an, nicht der relaxte südamerikanische Alltagsrhythmus. **Playa del Carmen** ist zwar auch sehr wuselig, hat aber eher europäischen Charakter. Im eigentlichen Ort dominieren kleine Strandherbergen und B & B's. Etwa ein Dutzend der Hotels in Playa hat sich auf das Thema Wellness und Spa spezialisiert.

Mérida und **Campeche** sind koloniale Schmuckstücke mit meist entsprechend stilvollen, aber nicht unbedingt hochpreisigen kleinen Hotels. Diese charmanten Bauten liegen oft mitten in der City, bieten einen schattigen Patio und viel Muse – und das war es dann. Mérida wartet aber auch mit Luxushotellerie auf – sowohl in historischen Bauten als auch hinter moderner Fassade.

Von den Inseln ist **Holbox** die ruhigste mit einfachen Unterkünften; **Cozumel** zieht als Tauchparadies ähnlich viele Touristen an wie Cancún, verfügt aber über ein breiteres Unterkunftsspektrum. Die **Isla Mujeres** versucht mehr und mehr, sich in eine ›stylish destination‹ mit exquisit designten, intimen Häusern zu verwandeln, die auf Genuss und Wellness setzen.

Hotels

Luxuriöse Unterkünfte der 4–5-Sterne-Kategorie machen an der Karibikküste den Großteil des Angebots aus. Viele europäische Reiseveranstalter haben sie im Programm. Pauschal gebucht sind sie erschwinglicher als bei einer individuellen Reservierung. Gleiches gilt für die noch junge Kategorie der *Hacienda*-Hotels. Mehr als ein Dutzend dieser noblen Land-Unterkünfte existieren inzwischen auf der Halbinsel. Wer koloniales Ambiente schätzt, ist in diesen 8-40-Zimmer-Herbergen gut aufgehoben.

Auch in Städten wie Mérida und Campeche wurden Kolonialbauten zu charmanten Hotels umgebaut. Sie bieten allerdings meist lediglich Zwei- bis Drei-Sterne-Komfort, d. h. die Zimmer sind eher karg eingerichtet (Bäder meist nur mit einer einfachen Duschgelegenheit). Dünne Wände, schlecht schließende Türen und ein hoher Innenhof sorgen oft für einen hohen Geräuschpegel. Mit 220 bis 250 Pesos pro Person und Nacht muss man meist trotzdem rechnen.

Die im Reiseteil genannten Zimmer-Preise verstehen sich in der Regel ohne Frühstück; Abweichungen sind bei den jeweiligen Unterkünften vermerkt.

Bed & Breakfast

Am preisgünstigsten schläft man in kleinen B & Bs bzw. *Casas de huespedes*, die allerdings bislang noch wenig verbreitet sind.

Cabañas

Romantiker können am Strand von Tulum in einfachen Palapa-Hütten aus Palmstroh nächtigen. Obwohl sie in der Regel weder über Klimaanlage noch Strom verfügen, sind diese Unterkünfte aber nicht unbedingt billiger als ein einfaches Hotel – zwischen 600 und 1000 Pesos kostet der Spaß für 2 Personen.

Preiswert(er) übernachten

Im Sommer liegen die Hotel-Preise meist niedriger als im Winter, wenn das Gros der Touristen aus Amerika und Europa kommt. Oft gibt es schon ab April Nachlässe von 20 %. Aber auch in der Hochsaison gewähren manche Hotels Rabatte bzw. bieten *special offers* – z. B. für einen Wochenendaufenthalt inkl. Vollpension. Auch wer eine ganze Woche bucht, kommt vielfach in den Genuss eines Nachlasses – z. B. ›siebte Nacht frei‹. Kinder bis zwölf Jahre dürfen oft kostenlos mit im Zimmer der Eltern wohnen oder zahlen für eine eigene Unterkunft lediglich die Hälfte.

Hostels

Anders als bei deutschen Jugendherbergen handelt es sich bei den *hostels* in Yucatán um kleine Häuser mit durchschnittlich 30 Betten, aufgeteilt auf mehrere Räume. Sie liegen zentral in der Stadt oder am Strand (Cancún), manche sind in historischen oder landestypischen Häusern untergebracht (Campeche, Mérida, Celestún). Meist kann man wählen, ob man ›gemischt‹ schlafen möchte oder nach Geschlechtern getrennt. Alle sechs yucatékischen *hostels* bieten auch die Möglichkeit zur Übernachtung in Doppel- oder Dreibettzimmern. Meist gibt es eine Waschmaschine, oft auch Internetzugang. Die Preise liegen zwischen 60 und 200 Pesos pro Nacht/Person; bezahlt werden muss bar (www.hostels.com.mx, www.remaj.com).

Essen & Trinken

Sehr beliebt: Obstsäfte jeder Art

Einheimische Küche

Kulinarische Freuden und herbe Enttäuschungen liegen in Yucatán eng beisammen. Denn vor allem die Restaurants und Hotels in Cancún und an der Riviera Maya haben sich auf eine amerikanische und europäische Klientel eingestellt. Einheimische Küche gibt es dort – wenn überhaupt – höchstens in adaptierter Form. Ausnahmen bestätigen allerdings die Regel.

Wer die ›echte‹ mexikanische bzw. yucatekische Küche kennen lernen will, muss es den Einheimischen gleich tun: Er muss sich in eine *cantina* wagen – wo es dank Musikbeschallung oder Live-Band meist recht laut zugeht –, in eine *bar familial,* in die kleinen Marktkneipen, wo es höchstens drei Gerichte zur Auswahl gibt, oder zu den Straßenköchen und -köchinnen, also zu den Hausfrauen, die vor ihrer Türe für ein paar Stunden am Tag das anbieten, was sie morgens zubereitet haben – je nach Laune, Wochentag, Marktlage etc.

Reizvolle Mischung

Generell bietet Yucatáns Küche eine reizvolle Mischung verschiedenster Aromen. Neben dem starken Einfluss der spanischen Konquistadoren lebt in ihr das Erbe der Maya fort. Die regen Handelsbeziehungen zu Frankreich, New Orleans und Cuba brachten der Region zudem viele Einflüsse aus diesen Ländern. Kennzeichen dieser kulinarischen Symbiose sind milde Hauptgerichte, die allerdings begleitet werden von einer Vielzahl von *salsas,* deren Schärfe von pikant bis höllisch reicht.

Die iberischen Siedler brachten aus ihrer Heimat u. a. die saure Sevilla-Orange (Pomeranze) mit, deren Saft nun in vielen yucatekischen Saucen und Einlege-Gerichten den Essig ersetzt. Ebenfalls europäischem Einfluss ist die Würstepalette von Valladolid zu verdanken. Sogar der Edamer Käse fasste in Yucatán Fuß – in Gestalt des *queso relleno* begegnet man ihm vielerorts auf der Speisekarte.

Viel Schwein und Fisch

Neben Huhn spielt Schweinefleisch für die Yucatekis eine große Rolle. Schon zum Frühstück gibt es *carne de puerco* – kleingeschnitten, scharf gebraten, auf kleinen Maisfladen *(tacos)* mit Zwiebeln und scharfer Sauce arrangiert *(salsa).* Und das ›Nationalgericht‹ Yucatáns ist gegartes Schwein *(cochinita pibil).*

In den Küstenregionen serviert allerdings fast jede Kneipe Fisch – hauptsächlich frittiert. Herrlich schmeckt er nach traditioneller Maya-Art: mit *axiote* eingerieben, in ein Bananenblatt gewickelt und über dem Holzfeuer gegrillt *(tikn-cik)* oder im Ofen gebacken *(mac rum).* Eine weitere Spezialität sind *cócteles* und *ceviche* – Meeresfrüchte-Cocktails. In Punta Allen werden während der Saison frische Langusten aufgetischt; Campeche ist bekannt für seinen *pulpo* (Oktopus).

Süße Desserts

Zum Dessert steht fast überall eine Vielzahl exotischer Früchte (z. B. *chiricote)* zur Wahl oder süße Kringel, Kekse, Kuchen nach spanischen Rezepten sowie *flan* und *nieve* – Eis mit unzähligen Geschmacksrichtungen von Tamarinde bis Mais.

Getränke

Zum Trinken bevorzugen die Einheimischen *refrescos,* süße Fruchtlimonaden und Pepsi bzw. Coca Cola. In manchen Markthallen bieten Stände als Alternative frisch gepresste Fruchtsäfte an sowie Cocktails aus Milch und Obst *(licuados, fruttileche).* Erfrischend sind auch *aguas* – Fruchtwässer, vor allem zubereitet aus Jamaica oder Tamarinde. Als flüssiger Sattmacher gelten *atole* und *horchata* aus Mais bzw. Reis. Yucatán ist auch eine Brau-Region; allein in Mérida werden drei verschiedene Biere hergestellt.

Kulinarischer Tagesablauf

Für alle, die es sich leisten können, beginnt der Tag mit einem Kaffee – meist einem Nescafé. Auf dem touristischen Sektor am weitesten verbreitet ist der *café americano,* d. h. dünn und in großen Tassen. In Dorfkneipen ist es üblich, dass nur heißes Wasser gebracht wird – aus dem großen Glas mit löslichem Kaffee rührt man sich dann seine eigene Mischung. Wer die Kaffeekörnchen lieber mit warmer Milch mixen möchte, bestellt *leche por café.* Bei armen Mayafamilien muss man sich oft mit einem teeartigen Getränk, für das geröstete Tortillafladen gewässert werden, begnügen.

Dazu gibt es auf jeden Fall Deftiges: Tortillas mit Speck und Bohnen. Die wichtigste Mahlzeit für die Einheimischen ist das Mittagessen. Eingenommen wird es allerdings oft erst am späten Nachmittag, gegen 15 oder 16 Uhr. Abends essen die Einheimischen meist nur eine Kleinigkeit.

Öffnungszeiten

Die *cantinas* sind meist zwischen 13 und 19 Uhr geöffnet, in dieser Zeit wird Mittagessen serviert. Viele Restaurants halten dann gleich offen für das Abendessen. Straßenstände haben in den Städten morgens und mittags Konjunktur; Gleiches gilt für die Marktkneipen.

Preise

Klimatisiert und in gepflegtem Ambiente speisen ist auch in Yucatán nicht billig. Selbst viele der auf authentisch getrimmten Touristenrestaurants habe ihre Preise auf amerikanischem oder europäischem Niveau kalkuliert. Überall dort, wo die Yucatekis ihre einfache Kost zu sich nehmen, reichen indes ein paar Pesos, um den Hunger zu stillen.

Bezahlen

Touristenrestaurants akzeptieren meist Kreditkarten, zumindest Visa und Master bzw. American Express. Außerhalb von Cancún, Mérida, Campeche und der Riviera Maya sowie in *cantinas,* Marktkneipen, Straßenständen etc. geht nur Bares – und zwar Gestalt von Pesos. Wo auch immer mehrere Menschen zusammen essen, ist es üblich, dass einer die Rechnung für alle begleicht – oder jeder am Tisch seinen Obolus gibt.

Kulinarisches Lexikon

Frühstück

huevos rancheros Tortilla, gebackene Eier, Tomatensalsa, Bohnenpüree – ein typisches Frühstück

huevos motulenos Tortilla mit schwarzen Bohnen, Spiegelei, gebratenem Speck oder Schinken, Tomatensauce und Käse, begleitet von frittierten Bananen

Suppen

sopa de Lima Pikante Limonensuppe mit Taco-Stückchen und Huhn; ein traditionelles Maya-Rezept

sopa de camarón Garnelensuppe

Tortilla & Co.

burritos Bohnen, Käse, Fleisch und Sauce (salsa), eingewickelt in eine Tortilla

panuchos Eine der unzähligen Tortilla-Varianten, vorgebacken und gefüllt mit schwarzen Bohnen

pan de cazón Spezialität von Campeche: Tortillas mit Babyhai, Zwiebel, Epazote-Kraut und Tomatensauce

quesadillas Zusammengeklappte, gefüllte (nicht nur mit Käse, wie der Name suggeriert) und manchmal zusätzlich in Fett ausgebackene Tortillas

salbutes Dickere, luftige Tortillas, belegt mit eingelegten Zwiebeln und einer scharfen Salsa Chile habanero

tacos Frittierte, oftmals zusammengerollte Maisfladen mit Bohnenmousse, Hähnchen, Schweinefleisch (selten in Yucatán: mit Rindfleisch), manchmal auch mit Tomaten und/oder Salatstreifen, wahlweise mit scharfer Chilisauce

tortas Brötchen oder Baguettebrote, in der Mitte aufgeschnitten und gefüllt mit Tortilla-Belägen: von Avocado bis Fleisch

tortillas Fladen aus *masa harina,* einem Maismehl, für das die Maiskörner vor dem Mahlen mit Kalkwasser gekocht werden. Tortillas ersetzen Brot und Löffel. Am besten schmecken sie hausgemacht; inzwischen werden sie allerdings schon weitgehend industriell hergestellt

tostadas Getrocknete, ausgebackene Tortillas mit kalten Zutaten belegt

Geflügel

aves Geflügel vom Hähnchen bis zum wilden Truthahn

pavo Truthahn, z. B. mariniert *(en escabeche)* oder mit verschiedenen *salsas* (etwa aus Kürbiskernen, *en pipian)*

pollo Huhn

Fisch

camarónes al axiote Garnelen mit rotem Würzsamen

ceviche Cocktail aus Shrimps, Tintenfisch, Austern oder gemischten Meeresfrüchten mit Zwiebel, Chili und Ketchup-Sauce

cherna Silberbarsch

cócteles Meeresfrüchte-Cocktail

filete relleno Gefülltes Fischfilet

javia frita Sautierter blauer Krebs

Mac cum Fisch/Seebarsch im Ofen gebacken

pulpo en escabeche Marinierter Tintenfisch

tikn cik Fisch (meist Seebarsch) im Bananenblatt über dem Holzfeuer gegrillt

Fleisch

carne de puerco Klein geschnittenes, scharf angebratenes Schweinefleisch, auf kleinen Maisfladen serviert.

cochinita pibil Ein ursprünglich im Erdofen *(pib)* gegartes Schweinefleischgericht mit Limonen, scharfen Chile sowie einer Würzpaste aus den rot färbenden axiote-Samen

frijol(es) con puerco Bohnengericht mit Schweinefleisch, Reis, Tomatensauce, Rettich, frischem Koriander und Zwiebeln. Ein beliebtes Montagsgericht

longaniza Geräucherte Wurst-Spezialität von Valladolid, aus Rind- und Schweinefleisch, Axiote, Nelken, Zimt, Knoblauch und anderen Gewürzen. Serviert z. B. mit Zwiebeln und Pomeranzen-Sauce

poc choc Feine Streifen gegrilltes Schweinefleisch, mariniert in Pomeranzen-Sauce, serviert mit *salsa* und eingelegten Zwiebeln, die oft knallpink leuchten durch den Saft von Roter Beete

Gemüse & Beilagen

chaya Grünes Gemüse aus den Blättern des gleichnamigen Strauches, im Geschmack ähnlich wie Spinat

papas (fritas) Kartoffeln bzw. Fritten

Desserts

chaya Frucht des gleichnamigen Strauches, zur süßen Mousse verarbeitet

nieve (wörtl. Schnee) Hausgemachtes Speiseeis, z. B. auf der Basis exotischer Früchte

Spezialitäten

antojitos Vorspeisen, meist Tortilla-Varianten mit verschiedenen Auflagen bzw. Füllungen

botanas Die yucatekische Variante der Tapas; die Auswahl reicht von aufgebackenen Bohnen mit Tortilla-Chips über Maccaroni in Tomatensauce bis hin zu Schweinsohren

chicharrón kräftig gewürzte Schweinehaut, in Stücke geschnitten und in Schmalz gebraten

lomitos de Valladolid Schweinefleischgericht: aus klein gewürfeltem Schweinefleisch, ganzen Tomaten, reichlich *chiles serranos* (getrocknet) und Knoblauch.

papadzules Eine Art Enchilada, gewürzt mit einigen Blättern epazote und übergossen mit *si kil pak,* einer Sauce aus Kürbissamen

tamales Gedämpfte Maisklöße in Bananenblättern, gefüllt mit Fisch, Schwein oder Huhn

Besondere Gewürze

axiote Rot färbender Strauchsamen, der als Gewürz verwendet wird

epazote Mexikanisches Teekraut, auch als Würze genutzt

hierba buena Minzkraut, wird zum Würzen verwendet

hierba santa (wörtl. heiliges Kraut) auch *oja santa* (heiliges Blatt) genannt. Blätter eines bestimmten tropischen und subtropischen Baumes, die für Tees, aber auch als Gewürz genutzt werden

Salsa nxipec Die höllischste aller Würzsaucen; ihr Name bedeutet in der Maya-Sprache ›Hundeschnauze‹

Getränke

campechana Mischgetränk aus Fruchtsaft und Zuckerrohrschnaps; eine Spezialität von Campeche

Margarita Cocktail aus Tequila, zerstoßenem Eis, Limonensaft und einem Schuss Orangenlikör

xtabentum Likör aus Anis und Honig (Maya-Rezeptur)

Aktivurlaub

Ideale Schnorchelreviere: die Lagunen an der Riviera Maya

Angeln

In allen größeren Badeorten werden Hochsee-Angeltouren angeboten; von wem und wo erfährt man entweder direkt in den Yachthäfen, an den Hotelrezeptionen oder in der jeweiligen Touristeninformation. Die besten Fisch-Plätze an der Riviera Maya sind **Isla Mujeres** sowie ›La Grieta‹ und ›La Corrientada‹ in **Cancún.** Auf der **Isla de Cozumel** werden ebenfalls Angelwettbewerbe ausgetragen. Die beste Zeit für den Angelsport liegt zwischen April und August.

Baden

Drei Küsten mit insgesamt 1500 Strandkilometern und Lagunen, dazu noch ein Dutzend Inseln, gesäumt von feinem weißen Strand – Beach-Fans jeglicher Art kommen in Yucatán ganz auf ihre Kosten. Am weitesten touristisch erschlossen sind die Strände an der Karibikküste der Halbinsel: von **Cancún** mit seinem mehr als 20 km langen Sandstrand bis zur so genannten **Riviera Maya,** die sich südlich von Cancún bis nach Tulum erstreckt.

Die Strände im Süden sind im Vergleich dazu kleiner und ruhiger. Schon **Playa del Carmen** bietet neben seinem Ortsstrand weitgehend unerschlossene Küstenabschnitte. Im Biosphärenreservat **Sian Ka'an** brandet die Karibische See an völlig menschenleeres Land.

Direkt im Hauptort von **Isla Mujeres** beginnt der beliebte Coco Beach. Im Westen des Eilands laden schöne ruhige Strände zum Sonnenbaden und Schwimmen ein. Die **Isla de Cozumel** lockt mit ihren vielen kleinen Badebuchten. Die **Isla Holbox** und die unter Naturschutz stehende **Isla Contoy** säumen ebenfalls kleine, noch weitgehend unberührte Strände.

Nördlich von Mérida, zwischen Telchac Puerto und Progreso, ziehen sich am **Golf von Mexiko** weite, aber windige Strandabschnitte entlang, die vor allem bei den Yucatekis beliebt sind. Gleiches gilt für Celestún und die Region südlich von Campeche.

Beach- und Funsport

Sportstainment mit Aktivitäten wie Beach-Volleyball, Basketball oder Fußball gehört bei vielen Hotels in Cancún und an der Riviera Maya zum Angebot. Einige bieten auch Paragliding an, bei dem man – von einem Boot gezogen – an einem Gleitschirm über die Küste schwebt.

Sogar nachts in Betrieb sind in Cancún Türme für **Bungee-Springer**; als Variante geht es mit dem **›Rocket-Chair‹** erst einmal raketenartig in die Lüfte, bevor man nach mehreren Überschlägen an einer langen Leine auspendelt (Infos bei Aquaworld, Tel. 998 848 83 00).

Golf

Hauptsächlich um Cancún und an der Riviera Maya liegen attraktive Greens. Am späten Nachmittag gewähren viele von ihnen einen günstigen Sonnenuntergangstarif. Zu den schönsten Anlagen zählen jene von Playacar (s. S. 87), der Golfplatz Pok-Ta-Pok in Cancún (s. S. 51) sowie der des dort ansässigen Hilton Hotels (Ruinas del Rey). Auch die Insel Cozumel verfügt über einen herrlichen 18-Loch-Platz (s. S. 67). Zwei weitere Golfplätze an der Riviera Maya, bei Xel Ha, sind geplant. Vor den Toren von Mérida, in Richtung Progreso, finden Golfer ebenfalls einen 18-Loch-Parcours (s. S. 80).

Kanufahren/Paddeln

In den großen Clubhotels werden oft auch Kanutouren angeboten. Man paddelt aufs Meer hinaus, z. B. durch den Mangrovendschungel der Lagune von Cancún oder Balancár.

Rad fahren

Für die einheimische Bevölkerung ist das Fahrrad weniger Sportgerät als Transport- und Fortbewegungsmittel. Mieten kann man Räder allerdings fast nur in den Ferienzentren an der Karibikküste. Auch einige Maya-Stätten experimentieren inzwischen mit dem Angebot von Leihfahrrädern, da die Distanzen auf den Geländen oft erheblich sind.

Rapelling

›Abseilen‹ oder ›Abseiling‹ wird diese neue Trendsportart auch genannt – und die unzähligen *cenotes* (Grotten und natürliche Süßwasserpools) von Yucatán werden dafür als Favoriten gehandelt. Als interessanteste gelten Balamcanché, Calcetok, Dzitnup, Xlacah, Xlacá in Dzibichaltún, Zací und Sammula in Valladolid und Zamá in Tecoh (s. auch Tour 5, S. 116).

An dicken Tauen geht es an den steilen Höhlenwänden abwärts, die Geschwindigkeit wird dabei von einer Bremslasche reguliert. Einige lokale Veranstalter an der Riviera Maya und in Mérida (s. S. 80) bieten inzwischen Rapelling-Touren an und stellen den Teilnehmern die entsprechende Ausrüstung zur Verfügung.

Reiten

Über den Strand galoppieren oder auf dem Rücken eines Pferdes den Dschungel und die Umgebung einer ehemali-

Abenteuertouren in die Welt der Tiere

Die **Lagune von Río Lagartos** bietet nicht nur Flamingo-Fans wunderbare Möglichkeiten (s. S. 95). Einheimische Guides bieten abenteuerlustigen Zeitgenossen dort auch Wanderungen durch den Mangrovendschungel an, um Krokodil-Nester zu suchen. Auch in **Celestún** können Flamingos und eine Vielzahl weiterer, zum Teil seltener Tiere beobachtet werden (s. S. 57). Die **Nationalparks Calakmul, Río Bec** und **Sian Ka'an** mit ihrer reichen exotischen Flora und Fauna kann man ebenfalls zu Fuß erkunden. Auf der **Isla Contoy** kann man im Rahmen spezieller Bootstouren Vögel wie Kormorane, Pelikane etc. beobachten (s. S. 55).

gen Sisal-Hacienda erkunden – noch halten sich die Angebote für Reiter in Grenzen. Einige Hoteliers und *rancheros* bieten jedoch schon derartige Touren an – an der Karibikküste (Playa del Carmen, Puerto Morelos), aber auch in der Nähe von Mérida.

Segeln

Segler finden in Cancún, auf der Isla Mujeres, auf Cozumel, in Playa del Carmen sowie in Puerto Aventuras Möglichkeit zum Ankerwerfen. Die Marina von Puerto Aventuras mit ihren 240 Plätzen gilt als die größte und am besten geschützte an der gesamten Karibikküste. Dort können auch Boote für nur einen Tag gemietet werden. Wer keinen Segelschein besitzt, kann unter zahlreichen Bootstouren wählen.

Sprachkurse

Wer ein bisschen Zeit investieren und die Sprache der Einheimischen lernen oder seine Spanisch-Kenntnisse vertiefen möchte, findet in Yucatán eine Reihe guter Sprachschulen für Ausländer. Sie sind hauptsächlich angesiedelt in Cancún (www.cancun-language.com.mx), Playa del Carmen (www.playaspanishschool.com) sowie in Mérida (www.modernspanish.com). Sie bieten meist Klein- und Kleinstgruppen (nicht mehr als drei Schüler pro Lehrer) oder alternativ Einzelunterricht. Es wird von der ersten Stunde an Spanisch gesprochen. Untergebracht sind die Kursteilnehmer in der Regel bei einheimischen Familien. Weitere Adressen für die Halbinsel findet man auf der deutschen Internetseite www.yucatan-guide.de/sprachkurse.htm.

Surfen

Die besten Surfreviere Mexikos liegen zwar an der Küste Oaxacas und in Baja California, aber auch die Karibikküste hat Surfern einiges zu bieten – vor allem in Cancún und an der Riviera Maya. In Cancún gelten die Playa Chac' mool und El Mirador als gute Adressen, auf Cozumel die Gewässer vor der Punta Morena. Interessante Surfreviere mit teilweise schon recht schwierigen Bedingungen durch das vorgelagerte Riff bietet auch die Küste von Tulum. An der Küste von Progreso finden sich mitunter ebenfalls gute Surf-Bedingungen. Auf Sport spezialisierte Hotels an der Karibikküste bieten Schnupperstunden im Surfen, Trimmstunden und Kurse an. Hier können in der Regel auch Bretter entliehen werden.

Tauchen & Schnorcheln

Im glasklaren Wasser der Karibischen See lässt sich beim Tauchen *(buceo)* und Schnorcheln *(esnórquel)* eine der faszinierendsten Unterwasserwelten mit Korallen, Fischen und Schalentieren entdecken. Etwa ein Drittel des sich über rund 1200 km erstreckenden Großen Maya-Riffs liegt vor der mexikanischen Karibikküste – bei Playa del Carmen finden sich die ersten Ausläufer schon knapp hundert Meter nach der Küste. Die Insel Cozumel gilt als eines der fünf besten Tauchreviere weltweit – ihre glasklaren Gewässer ermöglichen eine Sicht bis zu 50 m. Gute Tauchmöglichkeiten gibt es auch auf der Isla Mujeres, um Punta Allen und bei Akumal (s. auch Tour 5, S. 117).

Viele, teils auch deutschsprachige Tauchveranstalter bieten Kurse für Anfänger und Fortgeschrittene an sowie Ausflüge zu den Korallenriffen. Das Tauchgerät kann bei ihnen entliehen werden. In einigen der fünf Freizeitparks von Quintana Roo ist Schnupper-Tauchen im Eintrittspreis inbegriffen. Die Parks vermieten für die Erkundung

Wellness in Yucatán

Wellness hat in Mexiko Tradition. Bereits die Azteken badeten und entspannten in Thermalquellen und pflegten die Kultur des ***temazcal,*** eine spezielle Art des Dampfbades. Es diente allerdings nicht nur der Entspannung, sondern war auch ein therapeutisches Instrument.
Mancherorts lebt diese Tradition bis heute fort, anderswo wird sie gerade wieder neu entdeckt. Ein authentischer *temazcal* ist ein Rundbau aus Steinen oder Lehm, mit sehr engem Eingang und einer Dachluke für die Ventilation. Er wird betreut von einem speziell ausgebildeten Heiler oder einer Heilerin *(temazcalero/a),* der die Befindlichkeit sowie die Beschwerden des Patienten erkundet und nach der Diagnose die passende Kräutermischung sowie den adäquaten Hitze- und Feuchtigkeitsgrad bestimmt. Durch Fächeln mit verschiedenen Kräuterzweigen und geschicktes Lüften des *temazcal* sowie durch Umplatzieren des Patienten gelingt es dem Heiler/der Heilerin, spezielle Körperzonen zu ›bedampfen‹. Auch Massagen und andere traditionelle Behandlungstechniken gehören zum *temazcal*-Ritus.
Neben diesen traditionellen und individuellen Schwitzbädern bieten rund hundert **moderne Spa-Oasen** in ganz Mexiko weitere Formen von Wellness an; mehr als ein Drittel von ihnen liegt laut Statistik der Asociación Mexicana de Spas im Pazifik-Raum. Die Halbinsel Yucátan verzeichnet bislang gut ein Dutzend zeitgenössischer Spa- und Wellnessadressen, vor allem in Cancún, auf der Isla Mujeres, an der Riviera Maya und vor den Toren von Mérida.
Ihre Angebote sind in der Regel eine Kombination aus bewusster Ernährung, Anwendungen für Körper und Gesicht sowie verschiedenen Entspannungs- und Sportmöglichkeiten. Die Palette reicht von Peelings mit natürlichen Substanzen über Schlammpackungen und Sauerstoff- bzw. Aromatherapie bis hin zu Thalsassoanwendungen wie Algenwickel usw. Oft werden zusätzlich Yoga Stretching, Taichi, Aqua-Fit und Powerwalk-Programme sowie Pilates angeboten. Und mit ein wenig Glück kommt man man sogar am Strand, unter Palmen, in der eigenen Suite oder am Pool in den Genuss einer professionellen Massage.

der Lagunen und teilweise unterirdischen Flüsse auch Schnorchelausrüstungen. Die Haupt-Schnorchelplätze sind Xel-Ha, Cozumel and X-Caret.

Eine Besonderheit in Yucatán ist das *cenote*-Tauchen, in fast allen Ferienorten werden entsprechende Touren angeboten. Der Ausflug in diese Süßwasser-Reservoire, von denen es allein im Staate Yucatán offiziell 700 gibt, bleibt jedoch Tauchschein-Inhabern vorbehalten (s. auch Tour 5, S. 116f). Einen guten Überblick über die Tauchreviere findet man auf der Website www.cancun travel.com/scuba.asp.

Yoga

In Playa del Carmen und Tulum boomen Yoga-Angebote. Sogar einige kleinere Hotels haben spezielle Yoga-Räume eingerichtet. Auch in den exklusiveren Spa- und Wellness-Unterkünften an den Stränden der Riviera Maya werden entsprechende Kurse angeboten.

Sprachführer

Allgemeines

ja / nein	sí / no
bitte	por favor
danke	gracias
Entschuldigung	disculpe, perdón
Guten Morgen	Buenos días
Guten Tag	Buenas tardes
Guten Abend	Buenas noches
Auf Wiedersehen	adiós
Ich heiße …	me llamo …
Wo ist…?	Dónde está …
Wann?	Cuándo?

Zeit

Montag	lunes
Dienstag	martes
Mittwoch	miércoles
Donnerstag	jueves
Freitag	viernes
Samstag	sábado
Sonntag	domingo
Feiertag	día festivo
Minute	el minuto
Stunde	hoy
Tag	el día
Woche	la semana
Monat	el mes
Jahr	al año
heute	hoy
gestern	ayer
morgen	mañana
morgens	por la mañana
mittags	a mediodía
nachmittags	por la tarde
abends / nachts	por la noche
vor / nach	antes / después
früh / spät	temprano / tarde

Notfall

Hilfe!	¡Socorro!
Polizei	la policía
Arzt	el médico
Unfall	el accidente
Panne	la avería

Unterwegs

Haltestelle	la parada
Bahnhof	la estación
Bus	el autobús
Fahrkarte	el billete
Auto	el coche
Autobahn	la autopista
Tankstelle	la gasolinera
Werkstatt	el taller
Flughafen	el aeropuerto
rechts	a la derecha
links	a la izquierda
geradeaus	todo recto
hier / dort	aquí / allí
Stadtplan	el plan de la ciudad
Auskunft	la información
Vorsicht	¡Cuidado! / ¡Ojo!
Bank	el banco
Telefon	el teléfono
Telefonkarte	la tarjeta telefónica
Post	la oficina de correo
Briefmarke	el sello
geöffnet	abierto
geschlossen	cerrado

Einkaufen

kaufen	comprar
Geschäft	la tienda
Markt	el mercado
Geld	el dinero
bar	en efectivo
Kreditkarte	la tarjeta de crédito
Geldautomat	el cajero automático
teuer / billig	caro / barato
Wie viel?	Cuánto?
ein Stück	una pieza de …

Im Hotel

Zimmer	la habitación
Einzelzimmer	un cuarto individual
Doppelzimmer	un cuarto doble
Einzelbetten	dos camas
mit / ohne Bad	con / sin baño
Dusche	la ducha

Schlüssel	la llave
Handtuch	la toalla
Aufzug	el ascensor
Gepäck	el equipaje
Ausweis	el pasaporte
Quittung	el recibo
Empfang	la recepción
Preis	el precio
Rechnung	la cuenta
Name	el nombre
Nachname	el apellido
abreisen	partir
Parkplatz	el aparcarmiento
Zelt	la tienda
Wohnwagen	la caravana

Im Restaurant

Frühstück	el desayuno
Mittagessen	el almuerzo
Abendessen	la cena
Mahlzeit	la comida
essen	comer
trinken	beber
Tisch	la mesa
reservieren	reservar
Besteck	el cubierto
Messer	el cuchillo
Gabel	el tenedor
Löffel	la cuchara
Teelöffel	la cucharilla
Teller	el plato
Flasche	la botella
Glas	el vaso
Speisekarte	el menú
Portion	la ración
Vorspeisen	los entremeses
Nachspeise	el postre
zahlen	pagar
Rechnung	la cuenta
vegetarisch	vegetariano
Wasser	el agua
Getränk	la bebida
mit Kohlensäure	con gas

1	uno	16	dieciséis
2	dos	17	diecisiete
3	tres	18	dieciocho
4	cuatro	19	diecinueve
5	cinco	20	veinte
6	seis	21	veintiuno
7	siete	30	treinta
8	ocho	40	cuarenta
9	nueve	50	cincuenta
10	diez	60	sesenta
11	once	70	setenta
12	doce	80	ochenta
13	trece	90	noventa
14	catorce	100	cien
15	quince	1000	mil

Wichtige Sätze

Wie komme ich nach…? ¿Cómo voy a …?
Wieviel kostet das? ¿Cuanto vale esto?
Wo gibt es…? ¿Dónde hay por aquí…?
Ich brauche… Necesito…
Wann öffnet / schließt …? ¿A qué hora abre / cierra? …?
Haben Sie ein freies Zimmer? ¿Hay una habitación libre?
Sprechen Sie Deutsch / Englisch? ¿Habla Usted alemán / inglés?
Ich verstehe Sie nicht Non le entiendo
Wo kann ich den Wagen parken? ¿Donde puedo aparcar el coche?
Können Sie mir helfen? ¿Puede Usted ayudarme?

Auskunft

...für Deutschland, Österreich und Schweiz

Mexiko-Tourismus
Taunusanlage 21,
60325 Frankfurt am Main,
Tel. 0 69/25 34 13,
Tel. 0 69/25 35 09,
Fax 0 69/25 37 55,
www.visitmexico.com,
www.mexiko-reisetipps.de.

... in Yucatán

Touristeninformation für den Bundesstaat Quintana Roo
Secretaría de Turismo,
Calzada del Centenario No. 622,
Colonia del Bosque,
77010 Chetumal,
Tel. 983 835 08 60,
Fax 983 835 08 80,
http://sedetur.qroo.gob.mx

Touristeninformation für den Bundesstaat Yucatán
Secretaría de Turismo,
Calle 59 No. 514,
97000 Mérida,
Tel. 999 930 37 60,
Tel. 999 930 37 62-2 20 02,
Fax 999 930 37 62
www.mayayucatan.com.mx,
www.yuactan.gob.mx.

Touristeninformation für den Bundesstaat Campeche
Secretaría de Turismo del Estado,
Av. Ruiz Cortínez s/n,
Ecke Plaza Moch Couh,
24000 Campeche,
Tel. 981 816 55 93,
Tel. 981 816 68 29,
www.campeche.gob.mx.

Einreise

Für Deutsche, Österreicher und Schweizer genügt ein mindestens sechs Monate gültiger Reisepass. Der deutsche Kinderausweis sollte unabhängig vom Alter des Kindes mit einem Lichtbild versehen sein. Außerdem benötigt man eine Touristenkarte (FMT), die vor dem Reiseantritt bei Konsulaten oder den Reiseveranstaltern sowie im Flugzeug erhältlich ist (im Ticketpreis inbegriffen), spätestens aber an den Grenzübergangsstellen. Sie ist bei Ein- und Ausreise am Flughafen mit dem Reisepass vorzulegen und berechtigt nach dem Abstempeln an der *migración* derzeit zu einem Aufenthalt von maximal drei Monaten.

Bei **Ausflügen nach Belize, Guatemala und Honduras** muss man die Karte bei der Ausreise nicht mehr abgeben. Sie erhält nur einen zweiten Stempel – und berechtigt so zur einmaligen erneuten Rückeinreise nach Mexiko, ohne dass nochmals eine Einreisegebühr zu zahlen ist.

Anreise

Mit dem Flugzeug

Zielflughafen für Yucatán ist Cancún. Ein Non-Stop-Flug von Mitteleuropa dauert durchschnittlich 10 Std. Condor und LTU fliegen von Frankfurt, Düsseldorf, Köln und München direkt nach Cancún. Aus der Schweiz fliegt Balair. Airfrance fliegt mit Aeromexico 3 x wöchentlich via Paris. Ein Direkt-Flug (Charter) von Deutschland nach Cancún kostet derzeit mindestens 580 €.

Möglich ist auch die Anreise über Mexiko City (mit Lufthansa) oder mit Umsteigen in den USA (z. B. mit Continental oder American Airlines). US-Gesellschaften fliegen zudem direkt Mérida, Campeche und die Isla de Cozumel an. Innermexikanische Tickets (z. B. Mexiko-City–Mérida oder Mexico-City–Cancún) kauft man preisgünstiger in Deutschland, jedes JATA-Reisebüro stellt sie aus.

Der Flughafen von Cancún liegt rund 25 km vom Stadtzentrum entfernt. Zur Hotelzone sind es je nach Lage der Unterkunft 7 bis 30 km. (10–30 Min.), Verbindung ins Stadtzentrum (ca. 20–30 Min.) nur mit Sammeltaxis (*collectivos,* 6–10 Pesos pro Person) und den Fahrzeugen einer staatlichen Taxigesellschaft (ca. 150 Pesos pro Person). Für die Taxis kann man am Flughafen unmittelbar nach der Ankunftshalle bezahlen. Es gibt keine Buslinie, die am Flughafen abfährt.

Nach/von Playa del Carmen gibt es einen Airport-Shuttlebus (Abfahrt ab 6.15 bis 19.15 Uhr etwa stdl., Fahrzeit ca. 50 Min., Preis 65 Pesos).

Verschiedene internationale und nationale Mietwagenfirmen sind am Flughafen vertreten, z. B. Executive, Hertz, Alamo, Budget, Avis und National.

Mit dem Schiff

Die Isla de Cozumel und der Küstenort Progreso bieten Häfen für Kreuzfahrtschiffe. Cancún, die Isla Mujeres und Puerto Aventuras verfügen über Yachthäfen mit internationalem Standard.

Geld

Einheimische Währung ist der Mexikanische Peso (wie der US-Dollar mit $ gekennzeichnet); 1 mex. $ sind 100 Centavos.

100 Pesos = ca. 7 € = ca. 11 sFr
1 € = ca. 14 Pesos
1 sFr = ca. 9 Pesos

Wechselstuben *(Casa de Cambio)* und Banken existieren in nahezu allen Touristenorten Yucatáns – im Hotel gibt es in der Regel den schlechteren Kurs. Über die Banamex-Filialen lässt sich in den allermeisten Städten mit der EC-Card Landeswährung ziehen. Gleiches gilt für Kreditkarten (mit PIN). Kreditkarte ohne PIN + Reisepass ist eher unüblich.

Viele Geschäfte und Restaurants nehmen auch US-$; man kommt jedoch mit dem Peso besser weg, da beim Bezahlen mit der amerikanischen Währung meist aufgerundet wird.

Sicherheit

Yucatán ist generell ein sicheres Reiseziel. Vor allem in den ländlichen Gebieten sind kaum kriminelle Übergriffe zu befürchten. An den weniger besuchten Stränden der Riviera Maya ist jedoch Vorsicht geboten. Auch im Gedränge von Märkten und Bussen wittern Taschen-Diebe ihre Chance. Schlafenden Touristen in den Linien-Nachtbussen zwischen Palenque (Chiapas) und Mérida wurden oft schon die Rucksäcke aufgeschlitzt, um Geld und Wertsachen zu entwenden.

Notfall

Notruf: Tel. 080
(in Quintana Roo: Tel. 066)
Polizei: Tel. 060
Verkehrspolizei: Tel. 998 884 07 10 (Cancún)

Pannenhilfe: Tel. 998 884 29 50
Touristen-Hotline:
Tel. 01/800/90 39 28 (landesweit, 24 Std., spanisch und englisch)
Das **Auswärtige Amt** hat eine Nummer für in Not geratene Deutsche in aller Welt eingerichtet, die rund um die Uhr besetzt ist.
Tel. 0049/188/1 74 44 44.

Diplomatische Vertretungen

Honorarkonsulat der Bundesrepublik Deutschland
Rudolf Bittorf,
Punta Conoca No. 36,
77500 Cancún,
Tel. 998 884 53 33,
Tel. 998 884 15 98,
Fax 998 887 12 83,
konsul_d@yahoo.com.mx.
Postanschrift:
Cónsul Honorario de la República Federal de Alemania,
Apdo. Postal 100, 77500 Cancún,
Quintana Roo, Mexiko.

Vertrauensperson der Deutschen Botschaft in Mérida
Johannes Rommel,
Calle 49 No 212,
zwischen Calle 30 und 32,
San Antonio-Viertel,
Tel. 999 944 32 52,
Handy: Tel. 044 999 918 17 04 (innerhalb des Stadtgebietes),
Tel. 01 999 918 17 04 (von außerhalb),
jerommelmx@yahoo.de.

Österreichisches Honorarkonsulat in Mérida
Av. Colón No. 309,
Tel. 999 925 63 86,
Fax 999 925 80 68,
Mo–Fr 8–12.30 Uhr.

Honorarkonsulat der Schweiz in Mérida
Av. Paseo Montejo No. 483 zwischen 39 und 41, (im Hotel Montejo Palace)
Tel. 999 924 76 44,
Fax 999 927 29 05,
Mo–Fr 9–18 Uhr.

Repräsentanz der Schweizer Botschaft in Cancún
Edificio Venus,
Av. Coba 12 S.M. Local 214,
Tel. 998 884 84 46,
Fax 998 884 39 94.

Telefonieren

Von Yucatán ins Ausland:
0049 (D), 0043 (A), 0041 (CH).
Dann die Ortsnetzkennzahl ohne die 0 + Teilnehmernummer.
Vorwahl Yucatán vom Ausland aus:
0052 + die meist 10-stellige Teilnehmernummer.
Innerhalb des Landes:
01 + die meist 10-stelligeTeilnehmernummer
Das Telefonieren in den Hotels ist durch Zuschläge und Steuern sehr teuer. Am günstigsten telefoniert man von öffentlichen Telefonzellen, leicht erkennbar an der Aufschrift ›Ladatel‹ oder ›Telmex‹. Sie sind praktisch an jeder Straßenecke zu finden. Man braucht eine Telefonkarte *(tarjeta telefónica)* dafür. Die Karten zu 30, 50 und 100 Pesos bekommt man in allen Läden, die einen Aufkleber Ladatel oder Telmex angebracht haben (Tabak- und Souvenirläden, Minisupermärkte etc.). Für 100 Pesos kann man rund zehn Minuten telefonieren. Auf keinen Fall sollte man jene Apparate benutzen, die Aufschriften

tragen wie ›call home‹ und ebenfalls weit verbreitet sind, aber über die Kreditkarte abgerechnet werden. Eine Gesprächsminute kann hier umgerechnet schon mal 10 Euro kosten!

Europäische **Handys** funktionieren in Yucatán nicht; d.h. es besteht zur Zeit noch keine Mobilfunkerreichbarkeit der Systeme D1, D2 und E-Plus.

Internet-Cafés sind in den touristischen Zentren Yucatáns und in den größeren Städten weit verbreitet. Die Gebühren liegen fast überall zwischen 10 und 15 Pesos pro Stunde, in Cancún und Playa del Carmen zahlt man diesen Preis mitunter aber auch schon für 15 Minuten.

Öffnungszeiten

Banken: Mo–Fr 9–13.30 Uhr, Sa/So 8.30–14 Uhr. Wechselstuben haben oft schon ab 8.30 Uhr sowie am Nachmittag bis in den späten Abend geöffnet.
Post: Mo–Fr 9–18, Sa 9–12 Uhr.
Geschäfte: Mo–Fr 9/10–13/14, 16/17–21/22: Malls 10–22 Uhr, Supermärkte 8–22/24 Uhr.
Museen: Mo–Sa 9/10–17/18/20 Uhr, So 9/10–13 Uhr, oft Mo geschl.
Maya-Stätten: offiziell 8–17 Uhr.

Gesundheit

Für die Einreise nach Mexiko gibt es keine internationalen Impfvorschriften. Bei Kurzreisen empfiehlt sich ein **Impfschutz** gegen Hepatitis A, Tetanus und Diphterie. Bei einem Langzeitaufenthalt können zusätzliche Impfungen gegen Hepatitis B, Typhus, gegebenenfalls auch gegen Tollwut empfehlenswert sein.

In Mexiko gibt es ganzjährig ein **mittleres Malariarisiko,** insbesondere in den Regenwaldgebieten des Südens. Als malariafrei gelten die Höhenlagen, die Städte, die Küstenregionen sowie die Touristenressorts. Relativ häufig ist die durch Insekten übertragene **Dengue-Virus-Infektion.** Aus diesen Gründen empfiehlt sich der Schutz vor Moskitostichen, z. B. durch die Verwendung von Moskitonetzen bzw. mückenabweisenden Mitteln.

Um **Magen-/Darmverstimmungen** vorzubeugen, sollte man Leitungswasser und Salate in den ersten Tagen meiden. Schutz vor intensiver UV-Strahlung bieten **Sonnenschutzmittel** (mind. LSF 20), Brille und langärmelige Kleidung.

In den Touristenzentren an der Karibikküste ist die **medizinische Versorgung** recht gut. Viele Ärzte sprechen dort zumindest englisch, Gleiches gilt für das Apothekenpersonal. An der Hotelrezeption erhält man entsprechende Adressen. Wer hingegen individuell über Land fährt, kann dort nicht mit medizinischer Versorgung rechnen.

In Cancún praktiziert ein deutsch sprechender Arzt:
Dr. Eduardo Castallenos Cervera, Oyamel St. 18, Tel. 998 873 39 08.

Behinderte

Mit Freundlichkeit und Hilfsbereitschaft können Körperbehinderte bei den Einheimischen jederzeit rechnen. Spezielle Einrichtungen und Erleichterungen für sie im Alltag sind jedoch rar. Die Luxushotels an der Küste mit vorwiegend amerikanischer Klientel nehmen am ehesten Rücksicht auf die Bedürfnisse von handicapped people; in Mérida sind die Bürgersteige an vielen Stellen abgeflacht – was nicht nur Rollstuhlfahrer, sondern auch kinderwagenschiebende Eltern freut. Im historischen Zentrum von Campeche hingegen sind sie stellenweise so hoch, dass man sie nur über Treppen erreicht.

Unterwegs in Yucatán

Mit dem Flugzeug

Knapp 30 Minuten dauert der Flug von Cancún nach Mérida (ca. 95 € oneway). Die nationalen Fluggesellschaften Aerocaribe, Aeromexico, Aviasca und Mexicana bieten jeweils mindestens ein bis zwei Mal täglich eine Verbindung an. Auch Playa del Carmen, Isla de Cozumel, Isla Mujeres und Campeche haben einen Flughafen. Letzteres wird aber bislang von der Karibikküste nur via Mexico-City angeflogen, das macht weder zeitlich noch wegen der hohe Kosten Sinn. Privatfluglinien bieten mitunter von der Karibikküste auch Touren z. B. nach Chichén Itzá oder Palenque an. Sie sind allerdings relativ teuer.

Mit dem Zug

Auf Yucatán wurden alle Personenstrecken offiziell aufgegeben. Es verkehren auf den Geleisen nur noch Frachtzüge. Seit einiger Zeit ist jedoch der Maya-Express im Einsatz, ein nostalgischer Luxuszug, der bereits von Deutschland aus gebucht werden kann (s. S. 83).

Mit dem Bus

Sowohl im Stadt- wie im Überlandverkehr sind Busse das preiswerteste Verkehrsmittel in Yucatán. Bei den Überland-Verbindungen gibt es auf den Hauptstrecken Cancún–Mérida, Mérida –Campeche und Cancún–Chetumal verschiedene Angebote mehrerer Busunternehmen: **Busse Erster Klasse** *(Primera Clase)* und **Express-Busse** *(Rapido, Express)* bieten Air-Condition, sie kosten bis zu 50 % mehr als **Busse Zweiter Klasse** *(Segunda Clase, Classe Economica)*. Offene Fenster und durchgesessene Plastiksitze sind in diesen die Regel. Fahrkarten für alle Kategorien gibt es direkt an den Busterminals.

Die Busse verkehren in der Regel pünktlich, vor der Abfahrt wird das Ziel laut ausgerufen. Bei mehreren Verbindungen täglich kann es jedoch vorkommen, dass eine überraschend gestrichen wird. Besonders preisgünstig fährt man mit dem **Mexiko-Buspass,** der in Deutschland über Dertour erhältlich ist (für eine Woche 95 €). Im Verbund mit dem Reisepass wird er an allen größeren Busbahnhöfen (Mérida, Cancún, Playa del Carmen, Mexiko-City) in einen Original-Buspass eingetauscht.

Mit dem Taxi

Mit Ausnahme von Cancún und Mérida sind Taxifahrten relativ preiswert. In allen Orten gelten feste Tarife, die Verbindungen zu den Hotelzonen sind jedoch ausnahmslos die teuersten. Für Überlandfahrten können Taxis auch tageweise gemietet werden – der Preis ist allerdings hoch und sollte unbedingt vorher ausgehandelt werden. Bei den Taxifarben herrscht in Mexiko übrigens große Freiheit.

Wesentlich günstiger sind **Sammeltaxis** *(colectivos/combis)*, die spezielle Abfahrplätze haben und nur auf bestimmten Strecken verkehren (Ziele meist am Auto markiert, besser aber nachfragen). Ein *colectivo* fährt von seiner Haltestelle erst los, wenn auch der allerletzte Platz besetzt ist! Meist verbinden die Sammeltaxis Dörfer untereinander oder fahren zu den Außenbezirken der Städte. Der Fahrpreis wird bei der Ankunft am Ziel in Peso entrichtet und folgt einem Tarifsystem. In manchen Orten verkehren für geringere Distanzen auch *tricyclos* – die mexikanische Variante der Rikscha (feste Preise, unbedingt vor Abfahrt erfragen).

Mit dem Leihwagen

Ein Mietwagen bietet das größtmögliche Maß an Unabhängigkeit, für das man jedoch recht tief in die Tasche greifen muss. Eine Mietwagen-Reservierung von zu Hause aus ist nicht unbedingt günstiger und macht nur Sinn, wenn die Route bereits feststeht. Wer sich spontan entscheiden möchte, findet sowohl in Cancún als auch in Mérida am Flughafen (s. S. 84), in Hotels sowie in der Stadt eine Palette von Mietwagenfirmen. In Playa del Carmen und Campeche können ebenfalls Autos gemietet werden. In Playa und Cancún herrscht starke Konkurrenz; Feilschen lohnt sich dort. Ein VW Beetle kostet z. B. ab 330 € pro Woche.

Es empfiehlt sich immer, eine Rundtour zu planen. Das System der Einwegstreckennutzung ist in Mexiko nicht verbreitet (horrende Rückführgebühr). Nationale bzw. lokale Leihwagenfirmen (z. B. Maya Car, Localiza, Mexico Rent) sind meist günstiger als internationale. Wer bar zahlt, kommt bei ihnen zudem manchmal in den Genuss von Rabatten. Die Kreditkarte muss jedoch für die Kaution vorgelegt werden; meist wird zudem nach der Touristenkarte gefragt. Außerdem muss der Fahrer mindestens 25 Jahre alt sein.

Die Straßen in Yucatán sind in der Regel gut; Ausnahmen bilden das Biosphärenreservat Sian Ka'an sowie die Verbindung von Campeche nach Celestún. Die Autobahnen sind kostenpflichtig (Cancún–Mérida 245 Pesos). Die Entfernungen zwischen den Tankstellen sind recht groß; bleifreies Superbenzin (= Premium) ist immer vorrätig. Seriöse Auto-Verleiher geben ihren Kunden Karten bzw. Stadtpläne, auf denen die Tankstellen eingezeichnet sind. Die Benzinpreise sind recht niedrig und vom Staat festgelegt. Tempolimits: Autobahn 100/110 km/h, Landstraße 80 km/h, Ortschaften 40 km/h.

Mit organisierten Touren

Von Cancún, Playa del Carmen und Mérida aus bieten zahlreiche lokale Veranstalter Touren an nach Chichén Itzá, aber auch zu anderen Maya-Stätten wie Uxmal, Tulum, Cobá. Nähere Inforamtionen erteilen die Touristenbüros vor Ort.

Ebenfalls pauschal gebucht werden können Sporttripps von Biken bis Tauchen sowie eine **Luxus-Zugfahrt nach Palenque** (im Bundesstaat Chiapas, s. S. 83).

Von **Palenque** aus bieten örtliche Reiseveranstalter organisierte Touren u. a. an die guatemaltekische Grenze nach Yaxchilan und Bonampak an. Viele von ihnen – es sind meist jene, die besonders ›günstige‹ Tarife offerieren – sind aber offiziell nicht zugelassen und daher nicht versichert. Die offiziellen Transportfahrzeuge tragen ein blaues Nummernschild mit den Buchstaben ›SCT‹ (= Secretaría de Comunicaciones y Transporte). Der Fahrer oder Reiseführer sollte im Besitz eines offiziellen Ausweises von ›SECTOUR‹ sein.

Orte vo

Um an den Karibik-Stränden einen Tag verbummeln, die Welt der Maya im Dschungel erforschen, die Gastfreundschaft Yucatáns kennen lernen und die artenreichen Bioreservate erkunden zu können, um die farbenprächtige Unterwasserwelt erleben, die gute yucatekische Küche genießen, die typischen Feste mitfeiern oder auf den Spuren der Sisal-Barone die Haciendas im Hinterland entdecken zu

n A bis Z

können – dafür gibt Ihnen dieser Führer über Yucatán nützliche Tipps und ausgesuchte Adressen an die Hand, damit Ihr Aufenthalt zu einem unvergesslichen Erlebnis wird! Und dem, der in Yucatán Besonderes sehen möchte, dem seien die fünf Touren empfohlen. Yucatán in kompakter, überschaubarer Form, für den, der viel sehen und nichts verpassen will.

Highlight 1

Calakmul (C–E 6–8)

Mit dem Umriss einer geheimnisvollen, von einer hohen Stirnkrone geschmückten Kopfstatue erstreckt sich das größte zusammenhängende Naturreservat Mexikos (ca. 7250 km²) von der Grenze Guatemalas bis zur Mitte des Bundesstaates Campeche. Im tropischen Urwald lassen sich Papageien, Tukane, wilde Truthähne, Hirsche und mitunter ein Nasenbär entdecken. Insgesamt wurden auf dem seit 1989 geschützten Territorium 800 verschiedene Pflanzenarten registriert. Während der Maya-Zeit war die gesamte Region dicht besiedelt. Im immensen Dschungelgrün verbirgt sich daher eine Vielzahl bislang kaum erforschter Maya-Stätten. Von dem Dorf Xpuhil aus lassen sie sich am besten erkunden.

Sehenswert

›Stadt der beiden benachbarten Berge‹ nannte der amerikanische Botaniker Cyrus Langworth Lundell die riesige Maya-Stätte. Anfang der 1930er Jahre entdeckte er die zwei nebeneinander liegenden, gut 50 m hohen Tempelpyramiden rund 60 km südlich des heutigen Conhuas (südlich C 8). Fast 70 km² umfasste die Fläche der Stadt Calakmul zu ihrer Blütezeit; damit war sie die größte Maya-Siedlung ihrer Zeit. Experten sprechen von rund 600 Bauwerken. Noch können nur wenige davon begangen werden, darunter zwei Akropolen. An der westlichen, die einst von einer Mauer umgeben war, um Gefangene an der Flucht zu hindern, lassen sich in den Bodenplatten die Umrisse gefesselter Menschen erahnen. An der nahen Lagune leben noch Krokodile.

Um das Dorf **Xpuhil** (D 8), das ebenfalls Maya-Ruinen aufweist, liegen links und rechts der Mex 186 die Maya-Zentren **Chicanná, Becán, Río Bec** und **Hormingero** (alle D 8). Die beiden letzten sind nur über Dschungelpisten zu erreichen; in der Regenzeit von Juni bis Oktober sind diese meist aufgeweicht und unbefahrbar. Bécan gruppiert sich festungsartig um drei Plätze. Massive Scheintürme und eine Vielfalt grafischer Ornamente charakterisieren die Anlage, die einst nicht nur von einer Mauer, sondern auch von einem Wassergraben umgeben war.

Eine Informationsstelle befindet sich in Xpuhil an der Kreuzung der Mex 186 mit der Straße nach Hopelchén (nur auf Spanisch).

Calakmul:
Carretera Federal Escárcega–Chetumal (Mex 186) No. 470,
Tel. 996 832 88 44, Fax 996 832 33 04,
DZ ab 400 Pesos.
Ein Dutzend Zimmer in einfachen Bungalows, z. T. Gemeinschaftsbad. Zum Haus gehört auch ein Kneipe.

Chicanna Ecovillage Resort:
Carretera Federal Escárcega–Chetumal, km 144 (Reservierung über Campeche, Tel. 981 816 22 33, 981 871 60 00, Fax 981 816 46 11, www.chicannaresort.com.mx,
DZ 1050 Pesos.
Mitte der 1990er Jahre gut 10 km westlich von Xpuhil im Wald errichtete Bungalow-Anlage im Maya-Stil. Jedes der 32 Zimmer hat einen Balkon. Kleiner Pool, Restaurant.

Tulum: an der Hauptkreuzung von Xpuhil, *tacos* ab 5 Pesos. Einfache Alltagsgerichte wie z. B. *burritos* und *tacos*.

Inmitten einer Sumpflandschaft erheben sich die Ruinen von Becán

El Mirador Maya:
nahe den Xpuhil-Ruinen,
Tel. 996 834 03 71,
Hauptgerichte ab 40 Pesos.
Schmackhafte mexikanische Hausmannskost.

Sammeltaxen und Busse verkehren ab/bis zur Hauptkreuzung von Xpuhil. Dort stehen auch (Jeep-)Taxis.
Organisierte Touren von Campeche aus (Buchung in der Bastion San Pedro, Tel. 981 811 58 37, tourcorazonmaya@hotmail.com).
Am besten erkundet man das Naturreservat Calakmul und das Río-Bec-Gebiet per **Mietwagen** von Campeche oder Chetumal aus.

Highlight 2

Campeche (B 5)

Achtmal sechs geradlinige Straßenzüge, gesäumt von farbenfrohen, weiß akzentuierten Kolonialstilbauten und umgürtet von den Resten einer wehrhaften Mauer, deren Tore bis heute erhalten sind – das ist das historische Zentrum von Campeche, der von rund 180 000 Menschen bewohnten Metropole des gleichnamigen Bundesstaates. Als beispielhaftes Modell einer barocken Kolonialstadt und wichtiges Exempel der Militärarchitektur des 17./18. Jh. nahm die UNESCO das alte Campeche 1999 in ihre Liste der Weltkulturerbestätten auf.

Abgesehen vom modernen Mast einer Telefongesellschaft scheint die Zeit in den Gassen nahezu still zu stehen. Vor allem abends, wenn sich die tief gezogenen Fenster der Häuser öffnen und so mancher ältere Bewohner davor geruhsam plaudernd in seinem Schaukelstuhl wippt. Doch auch tagsüber verläuft das Leben zwischen dem ›Tor des Meeres‹ *(Puerta del Mar)*, an das tatsächlich bis 1960 noch das Meer heranreichte, und dem ›Tor der Erde‹ *(Puerta de Tierra)* äußerst beschaulich. Vielleicht liegt es daran, dass nur etwas mehr als die Hälfte der Altstadthäuser bewohnt sind; seit der Restaurierung nach dem Hurrikan von 1995 kletterten die Mieten drastisch.

Früher wurde die Stadt mehrfach von Piraten überfallen. Denn bald nachdem der spanische Eroberer Francisco Montejo 1540 anstelle der Maya-Siedlung Ah Kim Pech das koloniale Campeche gegründet hatte, entwickelte es sich zum wichtigen Ausfuhrhafen für Gold, Silber, Edelsteine und dem Farbholz *palo de tinte.* Solche Schätze lockten Sir Francis Drake ebenso an wie andere berühmte Freibeuter – bis 1704, nach fast 20 Jahren Bauzeit, endlich eine wehrhafte Mauer die Stadt vor weiteren Angriffen schützte.

Sehenswert

La Concepción: Francisco Montejo ließ 1540 mit dem Bau der Kathedrale La Concepción beginnen, fertig gestellt wurde sie jedoch erst 1705. Danach wurden immer wieder Veränderungen vorgenommen. Die beiden Türme stammen aus zwei verschiedenen Jahrhunderten. Im Inneren des Gotteshauses befindet sich unter Glas und Silber der ›begrabene Jesus‹, *Santo Entierro.*

Parque Principal/Portales del Centro: In dem kleinen Parque Principal vor der Kathedrale steht ein hübscher Jugendstil-Pavillon; gegenüber liegen die Portales del Centro, ein Arkadenbau, in dem zahlreiche Geschäfte und ein Restaurant untergebracht sind.

Mansión Caravajal: Einen Block hinter der Kathedrale erhebt sich an der Calle 10 das Mansión Caravajal, eine prächtige Stadtvilla mit Säulen und Bögen im maurischen Stil, die sich im 19. Jh. ein Hacienda-Besitzer erbauen ließ.

Kirchen Dulce Nombre Jesus und **San Francisco:** In der Calle 12, neben dem Teatro Francisco de Paula Toro, stehen die Kirche Dulce Nombre Jesus mit ihren wuchtigen Mauern sowie, ein paar Schritte weiter, die bescheidene San Francisco-Kirche.

Museo Regional de Campeche:
Calle 59 zwischen Calle 14 und 16,
Di–Sa 8–14, 17–20 Uhr.
Das Museum in der Casa del Teniente del Rey, einem vornehmen Haus des ehemaligen königlichen Statthalters, zeigt Zeugnisse zum Leben der Maya und zur spanischen Besatzungszeit.

Botanischer Garten Xmuch' haltun: Calle 8/Ecke Calle 49,
Mo–So 9–15 Uhr.
Die Mauern der Baluarte (= Bastion) de Santiago bergen den kleinen Garten mit Palmen, Agaven und anderen einheimischen Gewächsen.

Museo de la Ciudad:
Baluarte San Carlos, Calle 8 No. 63,
Di–Fr 8–20 Uhr, Sa 8–14, 16–20 Uhr,
So 9–13 Uhr.
Kleine Sammlung zur historischen Entwicklung von Campeche.

Museo de las Estelas:
Baluarte de la Soledad,
Calle 8 zwischen Calle 57 und 55,
Mo 8–14 Uhr, Di–Sa 8–20 Uhr,
So 8–18 Uhr.
Drei Räume mit teils arg verwitterten Stelen aus der Maya-Zeit.

Centro Cultural Casa No. 6:
Calle 57 No. 6, tgl. 9–21 Uhr.
In dem typischen Kolonialstil-Haus residierte angeblich einst die Familie des spanischen Eroberers Francicso Montejo, zuletzt war es eine *gazera,* d. h. der Laden eines Stoff- und Weißzeughändlers. Schöne Cafeteria im Innenhof.

Museo de Cultura Maya:
im Fuerte San Miguel, Av. Escénica,
Di–So 8–20 Uhr.

Museo de Marinería y Armas:
im Fuerte de San Jose, Av. Morazá,
Di–So 8–20 Uhr.
Waffen, Schiffsmodelle u. a. aus der Kolonial-Epoche und der Zeit der Piraten-

Campeche: die Kathedrale

kriege. Vom Fort hat man auch einen wunderbaren Blick über die Stadt.

Das Viertel San Francisco: Über den Parque de Guadalupe mit der gleichnamigen Kirche gelangt man zum Barrio San Francisco. Das Viertel außerhalb des alten Stadtmauerrings bietet neben schöner Kolonialstil-Architektur auch nette Kneipen. Im Osten des Circuito Baluartes liegt zwischen den Baluartes San Pedro und San Francisco der gut bestückte Mercado.

Sport & Strände

Baden: Campeche selbst hat keinen Strand. Südlich der Stadt liegen jedoch einige populäre Strände, die frei zugänglich sind, z. B. El Popular, Lerma und Playa Bonito. Wer es ruhiger mag, fährt über Seybaplaya hinaus bis Sabancuy und dann nach Payucan und Santa Rosa (genügend Proviant und Wasser mitnehmen). Kurz vor La Ciudad del Carmen reihen sich auf der Halbinsel El Palmar die Strände Playa Nixche und Isla de Aguada (kleines Fischerdorf). Auch auf der nördlich von Campeche gelegenen Insel Jaina kann man schön baden. Fischer bringen Interessenten mit dem Boot hin.

Wasserski: Zwischen der Puerta Real und der Punta Brigitte Bardot kann man ausgezeichnet Wasserski fahren.

Einkaufen

Casa de Artesanías Tukulna:
Calle 10, No. 333,
Tel. 981 816 90 88,
Mo–Sa 9–20 Uhr, So 10–14 Uhr.
Nahezu die gesamte Palette der *artesanía*-Arbeiten aus Campeche – Hornschmuck, Hängematten, Strohhüte, Schiffsmodelle, weiße, mit dem typischen (schwarzen) Muster von Campeche bestickte Blusen, hölzerne Kästchen, Bilderrahmen, Kleidung aus *manta* (Rohbaumwolle bzw. Nessel) – bietet dieser restaurierte Kolonialbau.
Im Patio führt eine schmale Treppe hinab zur Replik einer jener Lehmhöhlen, in denen die Frauen von Becal ihre berühmten Panama-Hüte flechten.

Veleros:
Plaza Ah Kim Pech, Lokal 119,
Tel. 981 816 24 46,
Mo–Fr 10–13, 15–19 Uhr,
Sa 10–14 Uhr.
Preisgünstiger, aber weniger attraktiv, *artesanía*-Arbeiten aus Holz, Leder, Stein, Muscheln und Horn.

Auch in der **Calle 12** findet man einige hübsche Läden. Eine kleine Auswahl an *artesanía* gibt es zudem im und um den **Mercado.**

Ausgehen

Campeches schönste Adresse für einen Aperitif ist der filigrane historische **Pavillon** im Park vor der Kathedrale. An seiner Südseite lädt das **Kulturzentrum Casa No. 6** (s. o.) jeden Do zur *Serenata Campechana:* Ab 20.30 Uhr treten in dem reizvollen Innenhof Sänger und Musiker-Trios mit traditionellen Kompositionen auf. Beim *Sabado de Bollada* (Sa 18–21 Uhr) kann man sich dort an der typischen *Lotteria Campechana* beteiligen mit ihren 29 Figuren und Zählsteinen aus Bohnen und Sonnenblumenkernen.

Nachtschwärmer können spät noch in einigen Diskotheken abtanzen, z. B. im **Atlantis** (Hotel Del Mar Ramada), **El Dragón** (Complejo Sajuye) und im **Millenium** (Av. Resurgimento).

Feste & Unterhaltung

Luz y Sonido: Jeweils Di, Fr und am Wochenende ab 20 Uhr steht ein Teil der Altstadt ganz im Zeichen des *Luz y Sonido.* Eine engagierte Laienschar setzt an der Puerta de Tierra und auf den verbliebenen Stadtmauern theatralisch Ereignisse aus der Stadtgeschichte um. Zum Abschluss tritt auf der Plattform vor dem Festungsgraben meist noch eine Folkloretanzgruppe auf.

Touristenauskunft: im Centro Cultural Casa No. 6, Calle 57 No. 6, 24000 Campeche, Tel. 981 816 17 82, tgl. 9–21 Uhr; Baluarte de San Pedro, Calle 18/Ecke Calle 51, kein Tel., tgl. 9–21 Uhr.

Monkey Hostel: Calle 57/Ecke Calle 10, Tel. 981 816 65 00, www.hostalcampeche.com, 70 Pesos pro Person inkl. Frühstück.
Im Herzen der Altstadt, gegenüber dem Parque Principal. Doppel- und Mehrbettzimmer.

Hotel America: Calle 10 No. 252, Tel. 981 816 45 88, Fax 981 816 05 56, www.hotelamericacampeche.com, DZ 420 Pesos.
Koloniales Haus im Herzen der Stadt mit 36 Zimmern; die Ausstattung ist landestypisch farbenfroh.

Hotel del Mar: Av. Ruíz Cortines No. 51, Tel. 981 816 22 33, 981 811 91 91, Fax 981 811 16 18, www.hoteldelmar.com.mx, www.utell.com, DZ ab 1100 Pesos.
48 großzügige helle Räume am Ozean-Boulevard, großer Pool, Sauna, Babysitting.

Cenaduria Portales: Calle 10, unter den Portales de San Francisco, Tel. 981 811 14 91, tgl. ab 18 Uhr, *tacos* ab 20 Pesos.

Meeresfrüchte

Wer gerne Meeresfrüchte isst, sollte sich in die Av. Carlos Sansores Pérez begeben. Dort bietet Don Honorio Estrella an seinem mobilen Meeresfrüchte-Stand **›El Palomas‹** besonders gute *cocteles campechanos* an.

Einfaches Familienlokal an einem hübschen Platz mit Tischen unter den Arkaden. Sandwichs, Taco-Varianten, schmackhafte Säfte.

Cantina Las Bohemias: Plaza Ah Kim Pech, tgl. 12–18 Uhr, Hauptgerichte ab 60 Pesos.
Snacks, Meeresfrüchte, mexikanische Gerichte; Sa/So auch Dinner-Spektakel mit Live-Musik.

La Parroquia: Calle 55 No. 8, Tel. 981 816 80 86, tgl. 7–22 Uhr, Hauptgerichte ab 55 Pesos.
Bodenständige Küche nach Rezepten der Region.

Marganzo: Calle 8 No. 262, Tel. 981 811 38 98, tgl. 18–22 Uhr, *camarones al axiote* 110 Pesos.
Rustikal-elegante Altstadt-Adresse für regionale und internationale Speisen unweit der beiden großen Hotels. Fast täglich spielt ein Trio mit Sängern an den Tischen auf.

La Pigua: Av. Miguel Alemán No. 179 A, Tel. 981 811 33 65, tgl. 18–22.30 Uhr, Hauptgerichte ab 85 Pesos.
Fischorientierte Campechana-Küche: *Pan de Cázon* (Shrimps mit Kokosnuss und Apfelsauce) oder *Pampano Escabeche* (gegrilltes Fischfilet mit Spezialsauce).

Flughafen Aeropuerto Internacional de Campeche: Av. López Portillo s/n, Tel. 981 816 49 25. Regelmäßige Verbindungen mit Cancún/Isla de Cozumel und Chetumal.
Bus: Busbahnhof für Überlandbusse/ADO, Av. Gobernadores No. 289, Tel. 981 816 28 02 ca. 2 km nordöstlich des Stadtkerns, ca. alle 30 Min. Verbindungen nach Mérida; je 2 x tgl. Erste-Klasse-Busse nach Mexiko-City, Chetumal und Puebla. Busse nach Edzná vom Circuito Baluartes Este, etwa auf Höhe der Markthalle.
Tranvía: Für Touristen wurde die historische Straßenbahn wieder belebt – auf Rädern. Abfahrt zur großen oder kleinen Sigthseeing-Tour: 9.30, 18, 20 Uhr am Parque Principal.
Taxi: Taxi- und *colectivo*-Station an der Markthalle.
Mietwagen: Maya Car Rental (im Hotel del Mar), Tel. 981 816 46 11, ext. 352, 981 811 41 46; Elim Rent a Car (im Hotel Alhambra), Av. Resurgimiento No. 85, Tel. 981 816 63 23.

Ziele in der Umgebung

Fischerhafen Champtón (A 6): Etwa 60 km südlich von Campeche erreicht man den Ort mit seiner hübschen Promenade. 1517 wurden hier die spanischen Eroberer unter Francisco Hernandez beim Versuch, nach vier stürmischen Tagen auf See an Land zu gehen, von den einheimischen Truppen unter Moch Cuoh geschlagen. Seither heißt die Bucht ›*la bahia del pleito*‹. Der einzige oberirdische Fluss der Halbinsel mündet hier. Zwei Drittel des 40 km langen Río Champtón lassen sich von der Küste aus per Boot erkunden. Etwas außerhalb von Champtón und direkt am Strand gibt es kleine Kneipen und *cockteleria*s, die preiswert frischen Fisch und Meeresfrüchte anbieten.

Isla Jaina (B 4), nördlich von Campeche:
Während ihrer Blütezeit, 600–900 n. Chr., war die Insel (›Haus des Wassers‹) ein wichtiges politisches und religiöses Zentrum der Maya-Kultur sowie bedeutende Wallfahrtstätte. Auf ihrem Gebiet wurden ca. 1000 prähispanische Gräber gefunden.
Höhlen von Xtacumbil-Xunaa (C 5), kurz vor Hopelchén:
Die Höhlen sind noch nicht gänzlich erschlossen und daher nur teilweise zugänglich. Inmitten dichter Vegetation führen sie weit in die Tiefe. Die Pfade sind oft feucht und schlüpfrig.
Palenque (300 km südwestlich auf der Mex 180/261/186): Die bereits zum Bundesstaat Chiapas gehörende, zum Teil im Dschungel versteckte Ruinenstätte gilt als die eindrucksvollste des Mundo Maya. Die Architektur ihrer Tempel und Pyramiden zeichnet sich durch besondere Harmonie und Leichtigkeit aus. Beachtung gebührt vor allem dem Tempel der Inschriften, dem verschachtelten Palast und dem Tempel des Grafen (tgl. 8–17 Uhr, Besucherzentrum mit Restaurant).

Highlight 3

Cancún (J/K 2)

Weißer, kilometerlanger Strand, türkisblaues Meer und ein weites, grünes Mangrovendickicht – mit diesem Dreiklang, ergänzt noch durch die vielen garantierten Sonnentage, erschien das Gebiet um das Fischerdörfchen Cancún den Tourismusstrategen der 1970er Jahre der ideale Platz für ein neues Ferienziel. Auf dem Reißbrett entwarfen sie seine Struktur. An die hundert Hotels mit zusammen rund 20 000 Zim-

Cancún
0
1,5
3 km
Isla Mujeres
Punta Sam
Mar Caribe
Arrecife Manchones
Madinga
Puerto Juarez
Bahía de Mujeres
Labna
La Habichuela
Plaza Bonita
Calle 48
Madero
Portillo
Embacadero Center
La Placita
Francisco I.
Av. López
Plaza Caribe
Av. Bonampak
Hacienda Cancún
Laguna Morales
Club de Yate
Playa las Perlas
Arrecife Cuevones
Arrecife Chitales
Pericos
Mercado de Artesanías
Av. Coba
Blvd. Kabah
Av. Labna
Blvd. Kukulkán
Plaza de Toros
Playa Linda
Playa Langosta
Presidente Intercontinental
Dos Playas
Playa Tortugas
Playa Caracol
Parque Aviaro
Av. del Bosque
Hostal Alcatraces
Plaza Turquesa
La Palapa
Museo de Arte Popular
Club de Marino Cancún
Mondo Marino
Museo de Antropología
CIUDAD CANCÚN
Av. Ami
Campo de Golfo Pok-ta-Pok
Marina Aqua World
Playa Chac Mool
Avenida Tulúm
Mercado Plaza Flamingo
Continental Villas Plaza
Casa Turquesa
Lamil Lu'um
Jungla de Yucatán
Laguna de Nichupté
Laguna del Armor
Playa Marlin
Mercado Plaza Cancún
Cancún Queen
Aqua World
Playa Ballenas
Alfredo V. Bonfil
Royal Yacht Club
Blvd. Kukulkán
Campo de Golfo Caesar Park
San Miguelito
Laguna Cabra
El Rey
Playa Delfines
Laguna Río Ingles
Isla Paraíso
Aeropuerto Internacional de Cancún
Blvd. Kukulkán
Punta Nizuc
Parque Nacional Submarino Punta Nizuc
Puerto Morelos, Tulúm

Beeindruckend: der Blick vom Torre de Cancún auf die Lagunenstadt

mern sind inzwischen entstanden; überwiegend angesiedelt am Boulevard Kukulkán. Architektonisch eindrucksvolle Fantasien aus Glas sind ebenso darunter wie farbenfrohe Ensembles, die einem Mittelmeerdorf gleichen. Ergänzend entstanden Shopping-Malls, Aqua-Parks, Golfplätze, mehr als 200 Restaurants – und was sonst noch das Urlauberherz begehrt.

Beach'n & Fun heißt die oberste Devise im ›Goldtopf‹ (so lautet die Übersetzung für *Cancún* in der Maya-Sprache; andere behaupten: ›Schlangennest‹), allenfalls ergänzt durch einen kurzen Trip zu den archäologischen Stätten Chichén Itzá oder Tulum. Mexiko scheint weit weg in Cancún (430 000 Ew.); amerikanische Standards prägen das Geschehen, selbst im *centro,* dem für die Angestellten der Ferienfabrik erbauten Viertel, spürt man kaum lateinamerikanisches Flair. Supermärkte, Banken, Wechselstuben, kleinere Hotels, Restaurants, Bars und *artesanía*-Läden beherrschen die Szene; erst in der Zone der *supermanzanas,* der Nachbarschafts-Blocks, wird es ein wenig ursprünglicher.

Einen *zócalo* (Hauptplatz eines Ortes) wie in anderen mexikanischen Städten sucht man in Cancún vergebens. Spaß, Unterhaltung, Shopping und vor allem das Strandleben standen beim Aufbau der Stadt im Vordergrund. Mit dem Puerto Cancún, einem neuen (Yacht-)Hafen geht der Ausbau weiter; für den Strandabschnitt nördlich der Punta Sam wird ein gänzlich neues Viertel mit Hotels und (Ferien-)Wohnungen diskutiert.

Sehenswert

Maya-Tempel: In der Zona Hotelera verstecken sich zwischen all den Bettenburgen auch ein paar Maya-Ruinen. Zur Stadt am nächsten, am gleichnamigen Golfplatz, liegen die Überreste des Tempels von Pok-Ta-Pok. Lamil-Lu'um an der Playa Marlin und San Miguelito etwas weiter südlich könnten den Maya als Ausguck oder Leuchtturm gedient haben. Die größte archäologische Zone Cancúns ist El Rey auf der Höhe des Hilton Hotels. Ihren Namen verdankt die wohl schon 1000 v. Chr. bewohnte, aber erst 1250–1520 erblühte Stätte einem majestätischen Steinkopf, der inzwischen zur Sammlung des Museo de Cancún gehört.

Museo de Antropología y Historia Cancún: im Centro Cultural del INAH, Convention Center, Blvd. Kukulkán, Di–So 9–19 Uhr.
Exponate zur Entwicklung von Quintana Roo und zur Geschichte der Maya, darunter Keramik, Schmuck und andere archäologische Stücke, die bei Ausgrabungen in den prähispanischen Ansiedlungen des Bundesstaates gefunden wurden.

Museo de Arte Popular:
Blvd. Kukulkán, km 4 (im Embarcadero-Center),Di–So 9–19 Uhr.
Kunsthandwerk aus ganz Mexiko.

Mercado: Einen guten Einblick in den mexikanischen Alltag bieten der Mercado 28 und der Mercado 23 (Av. Tulum, hinter der Feuerwehr).

Interaktives Aquarium:
Blvd. Kukulkán, km 12,5
(im Isla Shopping Center),
Tel. 998 883 50 25.
Seeigel streicheln, Haie füttern – alles ist möglich in diesem Aquarium, dem ersten seiner Art in Lateinamerika. Es zeigt in verschiedenen Becken die große Fischvielfalt des Karibischen Meeres sowie die unterschiedlichen Korallenarten der Zone.

Sport & Strände

Baden: Die Küste Cancúns, insgesamt 22 km lang, mit ihren feinsandigen weißen Stränden ist frei zugänglich – kein Hotel darf die Bucht absperren. Allerdings muss man meist die Lobby durchqueren. An den innenstadt-nahen Stränden Playa las Perlas, Playa Langosta, Playa Tortugas, Playa Linda, Playa Juventud und Playa Caracol ist die Brandung dank der vorgelagerten Isla Mujeres schwach. Von der Punta Cancún bis zur Punta Nizuc schlagen die Wellen höher, und es muss mit gefährlichen Strömungen gerechnet werden. Hier dehnen sich zu Füßen der Hotelpaläste die Playas Marlin, Ballenas, Chac Mool und Delfines aus.

An den Stränden bieten zahlreiche Hotels Wassersportmöglichkeiten wie Skirider (Parasailing im Doppelsitz) und Waverunner (Wassermotorrad) an.

Tauchen/Schnorcheln: Aquaworld, auf der Höhe der Playa Ballenas an der Laguna de Nichupté, Tel. 998 848 83 00, dort gibt es auch den Rocket Chair (man wird von einem Stuhl in die Luft katapultiert); Aquatours/Blue Water, Blvd. Kukulkán, km 6.5, Tel. 998 883 04 00; Scuba Cancún, Blvd. Kukulkán, km 5, Tel. 998 849 75 08.

Unterseeboot: An Bord des ›Subsee Explorer‹ kann man das Abenteuer Meer hautnah erleben, ohne nass zu werden. Buchung über Aquaworld, Blvd. Kukulkán, km 15,2, Tel. 998 848 83 00, www.aquaworld.com.mx.

Golf: Golfclub Pok-Ta-Tok, Blvd. Kukulkán, km 7,5, Tel. 998 883 12 30; Hilton Cancún Golfclub, Retorno Lacandones Secc., km 17, bei den El Rey-Ruinen, Tel. 998 881 80 00.

Reiten: Rancho Loma Bonita, Carretera Cancún–Tulum, km 49, Tel. 998 887 54 65, 998 887 54 23, www.lomabonitamex.com.

Wet'n wild Waterpark:
an der Punta Nizuc, Tel. 998 881 80 00,
www.parquenizuc.com,
tgl. 10–18 Uhr, Eintritt ca. 250 Pesos.
Mit Riesenrutschen und Möglichkeit zum Schwimmen mit Delfinen (Extrapreis).

Spektakuläres Panorama

Einen prächtigen Ausblick über Cancún bietet der neue **Torre de Cancún** am El Embarcadero-Center. Der von einer deutschen Firma gebaute Aussichtsturm mit rotierender Panoramakanzel schraubt sich bis auf 80 m hoch. Am schönsten ist ein Besuch des Turms kurz vor Sonnenuntergang (Tel. 998 849 48 48, www.elembarcadero.com, tgl. 9–23 Uhr, 90 Pesos pro Person, Kinder die Hälfte).

Einkaufen

Mehr Malls nach amerikanischem Vorbild als mexikanische Märkte prägen die Shopping-Szene von Cancún. Vor allem am Blvd. Kukulkán reihen sich die **Shopping-Center:** Aktuelle Mode, T-Shirts, Schuhe und was der Mensch sonst so an Kleidung braucht, findet man in den fast 200 Läden der Plaza Caracol und in der Stadtmall Plaza Las Américas (Av. Tulum No. 260). Postmodernes Styling und Kauferlebnisse verschiedenster Art bieten die Shopping-Center Forum by the Sea, Flamingo Plaza, La Isla, El Zócalo, Plaza Maya Fair und Plaza Kukulkán – alle in der Hotelzone. Wesentlich günstiger ist das Angebot in den **kleinen Läden um die Plaza Bonita.** Auf Kunsthandwerk spezialisiert sind Ki-Huic (Av. Tulum No. 17) und Mercado Garibaldi (Av. Tulum/Av. Uxmal). La Casa del Fumador (Azucenas No. 8) führt alles, was das Raucherherz begehrt, desgleichen Smoker Stylish an der Außenseite der Plaza Bonita. Hier gibt es nicht nur kubanische Zigarren jeder Marke, sondern z. B. auch handgeschnitzte Holzfiguren.

Ausgehen

Dinner-Shows: Viele Hotels der Strandzone bieten abends Dinner-Shows und Live-Unterhaltung mit Mariachi und Tanzmusik an.

Sonnenuntergang auf See und erlesenes Speisen kombinieren die Dinner-Cruises, z. B. mit dem Schaufelraddampfer ›Cancún Queen‹ (Reservierung unter Tel. 998 848 83 00).

Live-Music: u. a. im Azucar (Blvd. Kukulkán, km 9), im Batachá (Blvd. Kukulkán, km 10,5, beide Salsa), im Hardrock Café (Forum by the Sea Mall, Rock).

Bars: Beliebte Bars, z. T. auch mit Live-Sound und Karaoke, sind Pat O Brians (Flamingo Plaza), Daddy Rock (Blvd. Kukulkán, km 9,5), Carlos & Charlies, Fat Tuesday, Señor Frogs (Blvd. Kukulkán, km 5,5–11,5). Guten Jazz bietet das Root's (Calle Tulipanes, Stadtzentrum), im Sabor Latino (Plaza Chinatown, Stadtzentrum) hört man vorwiegend Salsa.

Diskotheken: Disco-Fans können sich u. a. austoben im Bulldog (Blvd. Kukulkán, km 9, im Coco Bongo und Daddy-'O (beide Blvd. Kukulkán, km 9,5), im La Boom (Blvd. Kukulkán, km 3,5) sowie im Up & Down (Blvd. Kukulkán, km 16).

Theater: Teatro de Cancún, Blvd. Kukulkán, km 4, Tel. 998 849 48 48, Mo–Sa ab 19 Uhr, verschiedene Shows.

Kino: Cinemas Tulum, Av. Tulum, Andador 10, No. 16; Cinemark, La Isla, Tel. 998 883 56 04; Cinépolis Vip, Plaza Las América, Tel. 998 884 21 32.

Feste & Unterhaltung

Stierkämpfe: In der Zona Centro erhebt sich an der Kreuzung Av. Bonampak/Av. Sayil (Plaza de los Toros) die inzwischen überdachte Stierkampf-Arena, wo jeden Mittwochnachmittag eine Corrida ausgetragen wird – gerahmt von Pferdeshows und Mariachi-Darbietungen.

Secretaría de Turismo: Centro de Información, Av. Tulum No. 22/26, 77500 Cancún, Tel. 998 884 80 73, www.cancun.info, tgl. 9–21 Uhr.

Hostal Alcatraces: Calle Alcatraces No. 49 (keine tel. Reserv.), ab 110 Pesos. Kleines Hostal mit sauberen Mehrbettzimmern (isgesamt 24 Betten) im Stadtzentrum. Altersgrenze 40 Jahre, nur Barzbezahlung.

Hacienda Cancún: Av. Sunyaxchen zwischen Calle 39 und 40, Tel. 998 884 36 72, Fax 998 884 12 08, hhda@cancun.com.mx, DZ ab 420 Pesos. Freundliche Innenstadt-Oase im Kolonial-Stil unweit einer lauten Straßenkreuzung. 36 Zimmer um einen Patio.

Best Western Plaza Caribe: Av. Tulum/Ecke Av. Uxmal, No. 19, Tel. 998 884 13 77, Fax 998 884 63 52, info@hotelplazacaribe.com, DZ ab 570 Pesos. Direkt an der Busstation im Centro, Kolonialstil-Architektur (140 Zimmer), großzügiger Pool, Nightclub, Bar.

Dos Playas: Blvd. Kukulkán, Zona Hotelera, Tel. 998 849 49 20, Fax 998 849 49 21, DZ ab 800 Pesos. Relativ einfache Strandanlage. Die 108 Zimmer sind nur mit dem Notwendigsten ausgestattet.

Continental Villas Plaza: Blvd. Kukulkán, Zona Hotelera, Tel. 998 881 55 00, Fax 998 881 55 01, DZ ab 1500 Pesos. Insgesamt 683 Zimmer, darunter 26 Villen mit modernen Zimmern. Haupthaus mit Restaurants, Minimärkten etc.

Presidente Inter-Continental Hotel: Blvd Kukulkan, km 7,5, Tel. 998 848 87 00 Fax 998 883 25 15, www. cancun.intercontinental.com, DZ ab 1550 Pesos. Eines der ersten Hotels von Cancún. Die 299 großen Zimmer sind sorgfältig ausgestattet, das Fünf-Sterne-Haus steht zudem am breitesten, schönsten Strandabschnitt.

Casa Turquesa: Blvd. Kukulkán, Zona Hotelera, Tel. 998 885 29 25, Fax 998 885 29 22, casaturquesa@sybcom.com, DZ 1800 Pesos. Palastartige Architektur, 99 Zimmer inkl. 33 luxuriöse Suiten, auf Wunsch auch mit zwei und drei Schlafzimmern. Zur Klientel gehören Hollywoodstars.

Mandinga: am Fährhafen Puerto Juárez, Tel. 998 880 17 70, 12–19 Uhr,

Vorsicht bei Taxi-Preisen

Cancúns Taxifahrer sind berüchtigt für ihre fantasievollen Preise. 70 Pesos für zwei Kilometer sind keine Seltenheit. Lassen Sie sich im Hotel die korrekten Tarife zu Ihrem Ziel nennen; am Fährhafen von Isla Mujeres sind sie sogar angeschrieben. *Taxis de sitio* (d. h., die auf einem festen Standplatz stehen) sind meist teurer als die unterwegs per Handzeichen angehaltenen.

Einfach, aber authentisch gehts bei Garibaldi zu

Hauptgerichte ab 45 Pesos.
Großer Palapa-Bau, sehr gute *Ceviche*, Fischgerichte wie z. B. Zackenbarsch mit *hierba santa*.

La Placita:
Av. Yaxchilan No. 12,
Tel. 998 884 04 07,
Hauptgerichte ab 50 Pesos.
Familiäres Stadt-Restaurant mit yucatekischer Küche, *tacos* und Grill-Spezialitäten.

La Palapa:
Calle Quetzal No. 13 (hinter dem Hotel Imperial Laguna),
Tel. 998 883 54 54,
Hauptgerichte ab 65 Pesos.
Olivier Ernotte aus Belgien kocht täglich ein neues ›europäisches‹ Angebot: Muscheln, Meeresfrüchte, Wachteln. Man sitzt rustikal-luftig unterm Palmstrohdach über der Lagune.

Labna:
Calle Margaritas No. 29,
Tel. 998 892 30 56,
Hauptgerichte ab 65 Pesos.
Neues Lokal im Zentrum mit yucatekischen Spezialitäten von *Lomitos de Valladolid* bis *Choninita Pibil*.

Péricos:
Av. Yaxchilán No. 71,
Tel. 998 887 48 84,
Hauptgerichte ab 70 Pesos.
Bekannte Stadt-Cantina mit Fiesta-Ambiente dank Mariachis und Marimba-Spielern sowie Revolutions-Touch durch Drinks wie *Pancho Villa*.

La Habichuela:
Calle Margaritas No. 25,
Tel. 998 884 31 58,
www.lahabichuela.com,
günstige Mittagslunchs (120 Pesos);
a la Carte ab 75 Pesos.
Karibisches Seafood und Maya-Mex-Mix auf hohem Niveau, z. B. Crevetten mit Guayana-Sauce und die Hausspezialität *Cocobichuela* – Kokosnuss gefüllt mit Lobster, Seafood und tropischen Früchten in einer pikanten Currysauce.

Fluggesellschaften:
Aerocaribe: Plaza América, Tel. 998 884 20 00; Aeroméxico: Av. Cobá No. 80, Tel. 998 884 35 71; Aviacsa, Av. Cobá No. 37, Tel. 998 887 42 11; Mexicana: Av. Tulum No. 269, Tel. 998 881 90 90.

Bus: Mehrere Linien in der Innenstadt und zur Hotelzone (Ruta 1, 2 und 15), Fahrpreis ca. 6 Pesos, Abfahrt am neu gebauten Busterminal Av. Uxmal/Av. Tulum (Tel. 998 884 55 42). Von dort auch regelmäßige Verbindungen nach Playa del Carmen und Tulum, mehrmals tgl. auch nach Chetumal und Mérida, Chichén Itzá bzw. Pisté.

Taxi: Fahrten in der Innenstadt kosten ca. 15 Pesos, von der City nach Puerto Juárez ca. 20 Pesos, zur Punta Sam 40 Pesos, zum Flughafen 150 Pesos, in die Hotelzone 35–75 Pesos. Von der Hotelzone an die Riviera Maya zahlt man 360 Pesos/Std. bzw. 6 Pesos/km.

Mietwagen: Advantage, Tel. 998 881 56 93; Econo, Tel. 998 887 64 87; Localiza, Tel. 998 88 60 248; National, Tel. 88 60152; Thrifty, Tel. 886 03 33 (die letzten drei am Flughafen).

Fähren: Mehrmals tgl. von Puerto Juárez (Personen) und Punta Sam (Pkw und Personen) zur Isla Mujeres (35 Pesos einfache Fahrt pro Person); um 9 und 11.30 Uhr Verbindungen zur Isla de Cozumel.

Ziele in der Umgebung

Isla Holbox (H/J 1): Anreise per Fähre ab Chiquilá (Tel. 984 875 20 36, ab 8 Uhr alle 2 Std., Fahrzeit 20 Min., 30 Pesos) oder im Privatboot eines *lanchero* (240 Pesos für das ganze Boot).

Die vom Festland durch die Yalahau-Lagune getrennte Insel ist Teil des Naturreservats Yum Balam. Etwa 1500 Menschen leben auf Holbox, hauptsächlich Fischer. Ihre bunten Holzhäuser stehen vorwiegend im gleichnamigen Hauptort. Das Meer um Holbox ist meist ruhig, die Strände sind flach – ideal also auch für Kinder. Man kann wunderbar verschiedene Wasservogelarten sowie Delfine beobachten, eine Vogelaufzuchtstation und ein Mandolinen-Atelier besichtigen. Es gibt inzwischen ein Dutzend kleiner Hotels und eine Handvoll Restaurants. Empfehlenswert ist z. B. das Hotel Faro Viejo, Av. Juárez, Tel. 984 875 22 17, Fax 984 875 21 86, www.faroviejoholbox.com.mx, DZ inkl. Frühstück ab 800 Pesos.

Isla Contoy (K 1): nur über gebuchte Bootstouren oder mit dem eigenen Boot zu erreichen; wer die Insel mit dem eigenen Boot besuchen will, muss bei SEMARNAT über das Instituto Nacional de Ecología (SEMARNAP) eine Genehmigung beantragen (Blvd. Kukulkán, km 4,8 Cancún, Tel. 998 883 07 44).

Mit ihren neun von Mangrovenwäldern gesäumten Lagunen bildet die unbewohnte Insel den bedeutendsten Nistplatz von Seevögeln in der mexikanischen Karibik. Von April bis Oktober

Im Piratenkutter zur ›Vogelinsel‹

Mit dem originalgetreuen Nachbau einer *balandra,* wie sie Piraten segelten, oder der Replik der Kolumubs-Caravelle ›Pinta‹ kann man von Cancún aus die unbewohnte Insel Contoy ansteuern. Zum Programm mit deutscher Reiseleitung gehören die Beobachtung tropischer Seevögel auf dem Eiland, Schnorcheln im glasklaren Wasser, Entspannung am Strand sowie ein exquisites Fisch-Mittagessen und freie Getränke während des gesamten Trips. Auskunft und Buchung (auch auf deutsch) unter Tel. 018 007 15 33 75 (in ganz Mexiko kostenfrei) oder über Tel. 998 884 18 98.

kommen außerdem vier verschiedene, vom Aussterben bedrohte Arten von Meeresschildkröten zur Ei-Ablage; auch eine ganze Kolonie von Einsiedlerkrebsen lebt hier. In den vergangenen Jahren wurden ein Besucherzentrum, ein kleines Museum, Palmhütten mit Tischen und Bänken sowie ein Beobachtungsturm gebaut.

Die Insel ist täglich nur für eine begrenzte Besucherzahl (200) zugänglich, und zwar nur auf einem Bruchteil ihrer Fläche. Der Eintritt kostet 50 Pesos pro Person. Wer mehr sehen will, bucht im Forschungszentrum eine rund einstündige Bootsfahrt (ca. 120 Pesos; das Geld wird zur Unterstützung von Forschungsprojekten und für den Erhalt der Insel verwendet). Am interessantesten ist der Ausflug zur Nistzeit im Frühjahr (Fernglas nicht vergessen!).

Celestún (B 2)

Windgezauste Strände, an die das Meer mit kräftigen Wellen rollt, eine Handvoll Strandkneipen und familiärer Hotels – viel mehr gibt es nicht zu entdecken in Celestún. Kaum mehr als 4000 Menschen leben um den Leuchtturm auf dieser schmalen Landzunge am Golf von Mexiko, das Gros von ihnen Fischer. Aber der Ort – sein Name bedeutet ›bemalter Stein‹ – liegt mitten in einer ca. 65 ha umfassenden Region, die 1988 zum Bioreservat erklärt wurde. In ihr leben mehr als 200 Säugetierarten, darunter einige, die vom Aussterben bedroht sind wie z. B. der Ozelot, der Jaguar, der Spinnenaffe sowie bestimmte Schildkröten- und Krokodilarten. Die Uferbänke der Küstenlagune Ría Celestún beherbergen Pelikane, Reiher, Ibisse, Kormorane und viele andere Vögel eines tropischen Urwalds, darunter der Yucatán-Zaunkönig und der Fisa-Kolibri. Auch mehr als ein Dutzend Entenarten kommen zum Überwintern. Hauptattraktion aber ist die Flamingo-Kolonie.Die beste Zeit, die rosaroten Vögel zu beobachten ist zwischen März und August. In dieser Zeit verlassen die Tiere ihre Nester, um Plankton aufzunehmen. Tausende von ihnen können dann auf einmal gesehen werden.

Sehenswert

Lagune: Von dem modernen Terminal an der Straßen-Brücke starten regelmäßig Boots-Touren in die Lagune; auch direkt von der Strandzone kann man diese Trips unternehmen. Tickets gibt es in dem neuen Palapa-Bau am Pier. Die Ausflüge führen in der Regel zur Baldiosera-Quelle, in der man baden oder tauchen kann, zur Cambay-Quelle (einem kleinen Süßwassersee), zur Valdiosera- und/oder Venecia-Quelle, zur Vogelinsel und zum *tambor,* ins Reich der Flamingos. Im Osten, in Richtung Isla Arena, liegen die Ranch Real de Salinas, eine alte Salz-Gewinnungsanlage, der versteinerte Mangrovenwald Tampeten und die Punta Ninum mit ihren reichen Vorkommen an (Venus)-Muscheln, Krabben und Krebsen.

Sport & Strände

Baden: In Celestún gibt es kilometerlange, unberührte Sandstrände. Abseits von jedem Rummel lässt sich hier die Sonne und das warme, smaragdgrüne Meer des Golfs von Mexico genießen. Außerhalb des Ortes gibt es an den Stränden allerdings keinerlei Infrastruktur.

Feste & Unterhaltung

Día de la Marina (1. Juni): Den ›Meerestag‹ feiern die Einheimischen mit einer Fischerboot-Parade vom Golf zum

Laqunenmund *(estero),* bei der der Ortsheilige am Bug mitgeführt wird.

Hotel San Julio: Calle 12 No. 93-A, Tel. 988 923 63 09, DZ ab 130 Pesos.
Das Meer wogt fast bis zur Türschwelle, und der weiche Sand weht in den Innenhof dieser einfachen, sauberen Familienpension.
Hotel Gutierrez: Calle 12 No. 107, Tel. 988 916 04 19, DZ ab 160 Pesos.
Einfaches, kleines Hotel direkt am Strand, Zimmer teils mit Balkon.
Hotel Eco Paraiso Xixim: Municipio de Celestún, Tel. 988 916 21 00, 988 916 20 60, Fax 988 916 21 11, www.ecoparaiso.com, DZ ab 950 Pesos.
Inmitten einer Zwergkokosplantage etwa 10 km nördlich von Celéstun (15 Bungalows). Großzügige *Cabanas* mit je zwei Queen-Size-Betten, Sitzecke, Veranda. Keine Air-Condition, aber Deckenventilatoren und ein ausgeklügeltes Luftzirkulationssystem sorgen für genügend Erfrischung.

Restaurant Avila: Calle 12, *cocteles* ab 40 Pesos.
Einfaches sauberes Strandlokal mit gutem Fisch und frischen Meeresfrüchten.
Restaurant Celestún: Calle 12, Speisen ab 50 Pesos.
Seit 30 Jahren schon tischt die Familie von Wenceslao Ojeda Solis ihre frischen, schmackhaften Fisch-Spezialitäten im Restaurant am Strand auf.
La Playita: Calle 12, Hauptgerichte ab 55 Pesos.

Tierbeobachtung bei Nacht

Wer einmal in freier Natur Tiere beobachten möchte, die sich tagsüber kaum oder gar nicht blicken lassen, dem sei in Celestún eine abendliche Bootstour empfohlen. Der aufregende Ausflug, bei dem man u. a. Krokodile und Virginia-Uhus entdecken kann, dauert etwa 2,5 Stunden und beginnt bei Anbruch der Dunkelheit. Nähere Info erteilen die beiden Ticket-Schalter direkt am Strand oder an der Brücke neben der Hauptstraße.

Das älteste und populärste Fischlokal von Celestún. Probieren Sie Don Pedros *jaiva frita,* sautierten blauen Krebs, oder *fillete relleno,* gefülltes Fischfilet.

Bus: Von/nach Mérida ca. alle 2 Std., Abfahrt an der Plaza Central. Fahrtdauer ca. 2 Std., Tickets ab 31 Pesos.

Chetumal (F/G 8)

Eine Handvoll Holzhäuser kündet noch heute vom einst karibischen Flair der Ende des 19. Jh. unter dem Namen Payo Obispo gegründeten Hafenstadt, und auch die kilometerlange Uferpromenade macht einiges her. Ansonsten dominieren moderne Verwaltungsgebäude und Fabrikanlagen das seit der Zerstörung durch einen Hurrikan in den 70er Jahren neu gewachsene Stadtbild. Lange Zeit wurden von Chetumal aus Edelhölzer verschifft, und bis 1994 genoss die Stadt den Status einer Freihandelszone. Noch immer schätzen

Mexikaner das große Angebot importierter Luxusartikel, und für Touristen ist Chetumal ein gutes Sprungbrett ins Nachbarland Belize.

Bereits die Maya nutzten die lang gestreckte, geschützte Bucht, an der sich die heutige, rund 130 000 Einwohner zählende Metropole des Bundesstaates Quintana Roo erstreckt, als Hafen. 1544 kamen die Spanier, unterwarfen die Bewohner und schleiften ihre Stadt namens Chactemal. 1898, während des Kriegs der Kasten, wurde das neue Chetumal gegründet: als schwimmender Grenzposten zwischen Mexiko und British Honduras. Es wuchs rasch durch den Zuzug der *chicleros* (Gummiarbeiter) und *caoberos* (jenen, die mit Mahagonihölzern Geschäfte machten); es kamen Libanesen und andere Nationalitäten, und so mischten sich in seinen Mauern die Kulturen.

Sehenswert

Museo de la Cultura Maya:
Av. Heroes/Ecke Calle Mahatma Gandhi,Di–So 9–19 Uhr,
Eintritt 50 Pesos.
Zahlreiche Modelle und interaktive Displays zur Gesellschaft, Astrologie und Mathematik der Maya.

Sport & Strände

Baden: Direkt an der Bucht liegt ein netter Sandstrand. Außerhalb der Stadt lockt der sehr tiefe (ca. 70 m) und daher intensiv blaue **Cenote Azul** (F 7) südlich des Ortes Bacalar zum Schwimmen und Paddeln.

Tauchen: Diving Shops und Trips in Majahual (H 7) auf der Halbinsel Xcalak.

Bootsverleih im Club de Vela am Westufer der Laguna de Bacalar (F 7). Dort besteht auch die Möglichkeit zum Baden.

Einkaufen

Auf der **Avenida Heroes**, der Hauptstraße, gibt es ein breites und noch immer recht preiswertes Waren-Angebot. Die Palette reicht von exotischem Parfüm über holländischen Käse und taiwanesische Hifi-Anlagen bis zur Markenkleidung. Auch Silber, Lederartikel und mexikanisches Kunsthandwerk findet man in den Geschäften, bei den Straßenhändlern und am nahen Open-Air-Markt.

Secretaria Estatal de Turismo:
Av. Miguel Hidalgo No. 22,
77000 Chetumal,
Tel. 983 832 08 55, 983 832 66 47,
www.chetumal.com.
Infokiosk (gläserne Pyramide) auf der Av. Heroes, Höhe Museum.
Promoción Touristica de Chetumal:
Av. 22. Enero No. 48.

Hotel Ucum:
Calle Mahatma Gandhi No. 167, Tel. 983 832 07 11,
DZ ab 110 Pesos.
Einfaches, preiswertes Haus unweit der Hauptstraße; gutes Restaurant.
María Dolores:
Calle Obrégon No. 206,
Tel. 983 832 05 08,
DZ ab 170 Pesos.
Sympathische Stadtpension, in der man auch einfach und günstig essen kann.
Hotel El Dorado Chetumal:
Calle 5 de Mayo 21,
Tel. 983 832 03 16,
DZ ab 400 Pesos.
Gutes Mittelklassehotel im Zentrum. Die 26 Zimmer sind eher zweckmäßig als komfortabel.
Los Cocos:
Av. Héroes No. 134/Ecke Chapultepec,

Tel. 983 832 05 44,
DZ ab 660 Pesos.
Angenehmes Stadthotel im karibischen Stil. 89 Zimmer und Suiten,

Hotel Holiday Inn:
Av. Héroes No. 171-A,
Tel. 983 835 04 00,
Fax 983 835 04 10,
DZ ab 800 Pesos.
Einziges Vier-Sterne-Haus der Stadt, im Zentrum. 77 Zimmer und 8 Suites mit internationalem Standard.

The Explorean Kohunlich:
Zona Arqueologica De Kohunlich,
Tel. 00 800 917 42 01,
www.theexplorean.com,
DZ (inkl. HP) ab 4000 Pesos.
Luxuriöse All-Inclusive-Anlage mitten im Dschungel, mit Spa und Pool. 40 Zimmer (ohne TV und Telefon!).

Einfache *taquerías* und verschiedene Restaurants sowohl mit mexikanischer als auch mit internationaler Küche liegen am Blvd. Bahía.

Marisquería El Tacoloco:
Av. Morelos No. 87,
Tel. 983 832 12 13,
Mo–So 12–22 Uhr,
Hauptgerichte ab 40 Pesos.
Fisch und andere Meeresspezialitäten in eher schlichtem Ambiente.

Mandinga:
Av. San Salvador No. 182,
Tel. 983 832 48 24, nur mittags geöffnet, Speisen 80–120 Pesos.
Eine der besten Seafood-Adressen der Stadt; entsprechend gut besucht. Versuchen Sie mal den Oktopus oder die feurigen Meeresfrüchte.

Ziele in der Umgebung

Kininchná und **Dzibanché** (E 7): Die Ruinen der Maya-Stätten liegen in Richtung des Bioreservats Calakmul nördlich der Mex 186 inmitten von Zuckerrohr- und Maisfeldern. Unter einem der Tempel von Dzibanché, das bekannt ist für einen hölzernen Türbalken mit Kalender-Glyphen, wurde ein reich mit Schmuck- und Keramik-Beigaben ausgestattetes Grab gefunden.

Kohunlich (E 8): südlich der Mex 186, etwa 11 km von Chetumal entfernt. Hier beeindrucken rot bemalte, gigantische Stuck-Masken, die den Sonnengott Kinich Ahau symbolisieren. Mitte April ereignet sich in der Anlage spätnachmittags ein faszinierendes natürliches Lichtspektakel.

Oxtankah (G 8): Der Ausflug zu diesen Mayastätten lässt sich gut verbinden mit einem Stop in Calderitas, wo man preiswert frische Meeresfrüchte essen kann.

Tres Granitas (südl. E 8): Pyramidenhügel, vor allem aber das aktuelle Leben der Maya und ein interessantes Stück Natur entdecken die Gäste dieses ökologischen Dorfgemeinschaftsprojektes, ca. 50 km südlich der Mex 186 zwischen Kohunlich und Chakanbatá (Infos unter Tel. 983 832 52 32, Fax 983 832 98 02).

Laguna de Bacalar (F/G 7/8): In der ausgedehnten, tropischen Lagune haben die Wassersportler das Sagen: Das Westufer säumen zum Teil extravagante Villen. Taucher wie Schnorchler fahren mit den Fischern hinaus zum Korallen-Atoll Banco de Chincorro. In dem von den spanischen Eroberern gegründeten Städtchen Bacalar beherbergt das im 18. Jh. zur Abwehr englischer Piraten erbaute Fort San Felipe ein aufschlussreiches Museum zur Geschichte der Region (tgl. 9–15 Uhr).

Flugzeug: Taesa, Aviasca und Aeromexico bieten tgl. Flüge nach Mérida, Cancún und Mexico City an; wer nach Belize fliegen möchte, muss nach Corozal fahren, 20 Minuten von der Grenze entfernt.

Bus: Der Busbahnhof liegt ca. 2 km nördlich des Zentrums, am Ende der Av. Revolución (Busticket-Büro im Zentrum Calle Belice/Ecke Gandhi), von hier mehrfach tgl. Verbindungen nach Mérida, Cancún, Tulum, Playa del Carmen, Campeche, Mexiko-City, 1 x tgl. nach Guatemala (Flores).

Busse zu Städten in Belize (Venus Bus oder Batty's) fahren stdl. vom Lázaro Cárdenas im Stadtzentrum ab. *Colectivos,* also Kombibusse, nach Bacalar (alle 30 Min), Río Hondo und Mahahual/Xcalak (tgl. 6 und 15.30 Uhr) starten vom Terminal de Combis, nach Hidalgo in Primo de Verdad.

Highlight 4

Chichén Itzá (F 3)

Mund *(chi),* Brunnen *(chén)* und der Name des Maya-Stammes Itzá bilden die Silbenfolge, die Yucatáns nach bisherigen Erkenntnissen größte, am weitesten erforschte und wohl wichtigste Maya-Stätte bezeichnet. Bereits 1988 wurde sie von der UNESCO zum Weltkulturerbe erklärt.

Offensichtlich wurde die Stadt mehrfach erbaut. Sicher ist, dass der Fürst von Mayapán im 12. Jh. die Macht über die Region an sich zog und Chichén Itzás Niedergang besiegelte. Somit war es für die spanischen Eroberer wohl schon uninteressant, als sie Mitte des 16. Jh. in Yucatán einzogen. Sie tasteten seine verbliebenen Strukturen jedenfalls kaum an. Anders der amerikanische Konsul in Mérida, H. Eduard Thompsen: Anfang des 19. Jh. hatte er das Land um die Ruinenstätte für ein paar Dutzend Dollar erworben und frönte dort ungehemmt seinen Freizeitstudien zur Geschichte der Maya.

1924–45 wurde Chichén Itzá dann offiziell ausgegraben und erforscht. Inzwischen präsentiert es sich authentisch restauriert bzw. rekonstruiert und zieht täglich Tausende von Besuchern an. Früh am Morgen und kurz vor der Schließung der gigantischen Anlage mit Museum, Kunsthandwerksmarkt und Restaurant besteht noch am ehesten die Chance, etwas von der beindruckenden Atmosphäre der zahlreichen Bauwerke aufzunehmen.

Sehenswert

Das bedeutendste und bekannteste Bauwerk Chichén Itzás ist die **Pyramide des Kukulkán,** der Tempel der gefiederten Schlange, auch El Castillo genannt. An ihm ereignet sich zur Tagundnachtgleiche (Äquinoktien) im März und September ein einzigartiges Schattenphänomen: Es scheint, als krieche die steinerne Schlange (der Schlangengott *kukulán)* die Treppenstufen hinab (s. S. 19). Im Innern des Tempels gelangt man über eine enge, steile Treppe zu einer **Jaguar-Statue,** deren Flecken im roten Fell aus Jadestücken eingesetzt wurden. Gleich links neben dem Eingang zum Ruinengelände beeindruckt der **Ballspielplatz** *(Juego de Pelota)* – der größte seiner Art im Mundo Maya. Auf der Trasse einer in der Nähe beginnenden weißen Straße *(sacbé)* gelangt man zum **Cenote Sagrado.** Die Maya nutzten das runde Wasserloch als Opferbrunnen.

Östlich vom Castillo liegt der **Tempel der Krieger** *(Templo de los Guerreros)* mit seiner ungewöhnlichen Kombination aus Säulenhalle und Pyramide. Auf seiner Plattform lagert eine gigantische Steinfigur. Extravaganz und Mut

Chichén Itzá: Das Observatorium mit seinem Treppenhaus in Schneckenform

bewiesen die Maya-Baumeister bei der weitläufigen, zum Teil reich ornamentierten **Gruppe der 1000 Säulen** *(Grupo de Mil Columnas)*, zu der auch ein Dampfbad *(Temascal)* gehört, ein Ballspielplatz sowie die um einen Innenhof angelegte lang gestreckte Säulenhalle, in der man den einstigen Markt *(Mercado)* vermutet.

Von dort leitet eine ehemalige *sacbé* südwestlich zum **Observatorium,** das wegen der Schneckenform seines Treppenhauses auch den Namen Caracol trägt. Schöne Beispiele für den Puuc-Stil (s. S. 64) geben die umliegenden Gebäude **Kirche** *(Iglesia)* und **Haus der Nonnen** *(Casa de las Monjas)*.

Südlich dieses Ensembles erreicht man auf einem alten Maya-Pfad die Ruinen von Chichén Itzá Viejo, der ›alten‹ Stadt der Itzá. In der dortigen **Datumsgruppe** *(Grupo de la Fecha)* wurde auf einem Türbalken der bislang einzige Jahreszahlen-Nachweis in der Rechnungsweise der Maya gefunden (derzeit für Besucher gesperrt).

Feste & Veranstaltungen

Jeden Abend lockt das Licht- und Tonspektakel **La noche de los Mayas** Besucherscharen an (20 Uhr im Sommer, 19 Uhr Nov.–März, jeweils mit Ausrüstung für Simultanübersetzung in vier Sprachen,darunter auch Deutsch; Luz y Sonido 30 Pesos, Übersetzungskopfhörer 25 Pesos).

Campamentos Yaxunah: im Dorf Yaxunah an der Hauptstraße, ca. 20 km südwestlich von Chichén (nur Piste!),
Tel. 985 858 14 82,
pro Hütte bei Zweierbelegung 250 Pesos, für 3 Pers. 300 Pesos.
Ökotouristische Anlage mit 8 Wohneinheiten in typischen Maya-Steinhütten

Die Grotten von Balancanché

1959 entdeckte ein Hobbyforscher, der als Guide in Chichén Itzá arbeitete, 6 km östlich der berühmten Maya-Stätte in der schon seit langem als Naturphänomen bekannten Höhle von Balancanché einen versteckten Gang, der tief in das Grottensystem führte. An seinem Ende fand sich, sorgsam um die Basis eines gewaltigen, von Hunderten Stalaktiten umgebenen Stalagmiten arrangiert, eine atemberaubende Vielzahl von Zeremonial-Gegenständen. Sie dienten den Maya dazu, dem toltekischen Regengott Tlaloc zu opfern (tgl. 9–17 Uhr, stdl. wechselnde Touren in Englisch und Spanisch sowie Licht- und Ton-Schauen, Eintritt 65 Pesos, Kinder bis 12 Jahre frei, Show 55 Pesos, auch ein Museum wurde eingerichtet).

mit Palmdächern, großem Bett und Hängematten, eigener Dusche und WC. Restaurant mit regionaler Küche (Frühstück 35 Pesos, Abendessen 45 Pesos), Mayazeremonien; in Spazierweite beginnt ein Ruinen-Gelände, an dem die längste *sacbé* der Region beginnt – sie führt bis nach Cobá.

Dolores Alba: an der Straße
Mérida–Cancún, km 122,
Tel. 985 858 15 55,
www.doloresalba.com,
DZ ab 380 Pesos.
Schöne Anlage im schlichten Landhausstil mit einigen Hütten (40 Zimmer), freundliche Atmosphäre, zwei Pools und Bike-Verleih.

Hacienda Chichén: an der Straße
Mérida–Cancún, km 120,
Tel. 999 924 21 50,
Fax 999 924 50 11,
www.haciendachichen.com,
DZ ab 1100 Pesos.
Exquisit restaurierte historische Hacienda mit zwölf Cottages; elegant-rustikale Ausstattung, gutes Restaurant, nur wenige Minuten von der Maya-Stätte.

Das **Besucherzentrum** der Ruinen, die umliegenden Hotels sowie die Unterkünfte von Pisté tischen sowohl internationale Küche als auch – den fremden Gaumen etwas angepasste – yucatekische Spezialitäten auf. Wer preisgünstiger und vielleicht etwas authentischer essen möchte, findet in Pisté einige Kneipen.

Bus: Mehrfach tgl. fahren Busse von Mérida bis zum Ort Pisté, ca. 2 km nördlich der Ruinen. Alle Reiseagenturen sowie zahlreiche große Hotels in Mérida und Cancún bieten Chichén Itzá als Tagesausflug an.

Cobá (H 3)

Fast 80 km² umfasste einst diese Maya-Siedlung, und mehr als 50 000 Menschen lebten hier. Ein weit verzweigtes Netz gemauerter Straßen bot Anschluss an die gesamte Region, die längste dieser *sacbé* führte fast bis Chichén Itzá. Wichtige Handelsgüter wie Gold, Jade, Salz, Tabak und Honig wurden in Cobá umgeschlagen.

Heute liegt der 600–900 v. Chr. blühende ›Ort des durch die Winde aufgewühlten Wassers‹ versteckt im Dschungel, ist aber über eine gut ausgebaute Straße von Tulum aus in weniger als einer Stunde zu erreichen. In Cobás

Buschwald lassen sich nicht nur archäologische Schätze, sondern auch eine reiche Flora und Fauna entdecken.

Sehenswert

Nur ein kleiner Teil der Bauwerke von Cobá wurde bislang freigelegt, darunter die **Hauptpyramide Nohuch Mul.** Mit 42 m ist sie – nach den Zwillingstürmen von Calakmul – die zweithöchste Yucatáns. 120 steile Stufen führen auf sie hinauf. Von ihrer Spitze bietet sich ein schöner Blick auf das grüne Dickicht der *selva* sowie auf den See Macanox, der zusammen mit vier anderen in der Umgebung Cobá stets mit frischem Wasser versorgte. Auch die **Kirche** *(Iglesia),* eine zweite wichtige Tempelpyramide, ist von der Höhe des ›hohen Hügels‹ zu sehen. Außerdem liegen auf dem Gelände die Bauten des *Grupo de Pinturas.* Palmdächer schützen inzwischen die überall anzutreffenden **Stelen,** darunter auch eine mit der Jahreszahl 30. Nov. 780 v. Chr. Am Eingang der Anlage kann man Fahrräder leihen (35 Pesos).

Villas Arqueologicas: Domicilio Conocido, Tel. 984 874 20 87, DZ ab 690 Pesos. Schon etwas in die Jahre gekommene Club-Med-Anlage mit schönem Innenhof und Pool. Die Ruinen sind nur ein paar Spazier-Minuten entfernt.

Am Rand des großen Platzes vor dem Eingang zur Ruinenstätte liegen zwischen den Souvenirbuden einige Snackbars mit einfacher Kost.

Bus: 2 x tgl. morgens (5.30 und 7.30 Uhr) von Playa del Carmen. Von Cancún tgl. **Ausflugsbus** um 8.30 Uhr (über Tulum und Tulum Crucero), Rückfahrt ca. 14.30 Uhr.

Dzibilchaltún (D 2)

›Ort, an dem es Schriften auf Steinen gibt‹ bedeutet der Name Dzibilchaltún in der Maya-Sprache. Die in nur 22 km Entfernung zu Mérida liegende archäologische Ausgrabungsstätte war mit Sicherheit schon seit 500 v. Chr. besiedelt – also lange vor der Gründung von Chichén Itzá und Uxmal. Dzibilchaltún gilt als eine der größten Siedlungen der Maya-Zeit auf der gesamten Halbinsel.

Antike Reste weisen darauf hin, dass Dzibilchaltún in seiner Blütezeit mehr als 40 000 Einwohner zählte und regen Handel mit Fisch und Salz betrieb. Erst die spanischen Eroberer vertrieben die letzten Bewohner von Dzibilchaltún und zerstörten seine Architektur. Aus Tempelsteinen bauten sie am Hauptplatz eine Kapelle, das Gros der Kalkstein-Quader aber nutzten sie zum Aufbau der Kolonial-Stadt Mérida. Die Restaurierung der wichtigsten Bauten wurde inzwischen jedoch in Angriff genommen und ein benutzerfreundliches, kleines Museum eingerichtet.

Sehenswert

Herausragendstes architektonisches Zeugnis von Dzibilchaltúns einstiger Pracht und Bedeutung ist der **Tempel der Sieben Puppen** *(Templo de las Siete Muñecas)* mit seinen beiden ungewöhnlichen Fensterchen links und rechts des Eingangs. Er liegt am Ende einer 400 m langen *sacbé* auf einer quadratischen Plattform und wurde erst Ende der 1950er Jahre aus seiner Überbauung herausgeschält. In einem Schacht fand man auch die sieben Tonfigürchen, denen das Bauwerk seinen Namen verdankt. Forscher vermuten, dass er einem geheimen Medizin-Kult diente und dass in ihm Feier-Rituale zur Verehrung von Sonne und Mond abge-

In der Nähe der Ruinen gelegen: der Cenote Xpacah

halten wurden. Alljährlich zur Tagundnachtgleiche im Frühjahr und Herbst bietet sich dem Besucher von Dzibilchaltún noch heute ein aufregendes Lichtspektakel: Bei Sonnenaufgang scheinen Flammen in dem Puppentempel zu lodern, die ihn wie eine Göttermaske erleuchten.

Museo del Pueblo Maya:
Di–So 8–16 Uhr, Eintritt 60 Pesos. Umfangreiche Sammlung von Maya-Artefacten aus ganz Yucatán sowie Zeugnisse lokaler Kultur bis zur heutigen Zeit – darunter auch eine Kollektion von *huipiles* (bestickte Kleider) sowie ein tpyisches Mayahaus.

Einkaufen

Cooperativa de Mujeres Indigenas: Unmittelbar an der Kirche von Dzibilchaltún lohnt ein Blick auf das kunsthandwerkliche Angebot der Maya-Frauen.

Bus: Von Mérida in Richtung Progreso bis zur Kreuzung Dzibilchaltún. Von dort 7 km per Taxi oder *colectivo.* Sammeltaxen 4 x tgl. vom Parc San Juan in Mérida.

Ziele in der Umgebung

Cenote Xpacah (D 2): Ganz in der Nähe der Ruinen lädt dieser Cenote zu einem erfrischenden Bad nach der Besichtigung ein.

Edzná (B 5)

Am Eingang halten Großfamilien ihr Sonntags-Picknick unter Schatten spendenden Bäumen, und vor der großen Pyramide liegt ein junger Vater auf den Knien, inbrünstig in einen Dialog mit seinem unsichtbaren Gegenüber in der Tempelspitze vertieft. Edzná lebt – auch wenn es nicht mehr wie zu seiner Erbauungszeit 600–300 v. Chr. Zehntausenden von Menschen als Wohnstätte dient und kaum noch jemand, wie bis Anfang des 16. Jh., das umliegende Land kultiviert. Mit einem ausgeklügelten System von Kanälen, Zisternen, künstlichen Teichen *(aquadas)* und unterirdischen Bassins *(chultunes)* sorgten die Maya seinerzeit dafür, dass auch während regenarmer Perioden genügend Wasser für ihre Felder und für die Versorgung der Stadt zur Verfügung stand.

Sehenswert

Neben dem einzigartigen Be- und Entwässerungssystem frappiert das ›Haus der Itzá‹ oder ›Haus des Echos‹, wie Edzná in der Maya-Sprache auch genannt wird, durch die **Große Akropolis.** Errichtet auf einer nahezu quadratischen Plattform am Ostrand der heute grasbewachsenen, von Mondtempel, Südtempel und Plattform der Messer *(Plataforma de los Chuchillos)* flankierten Gran Plaza vereint sie in harmonischer Weise Bauwerke mit Elementen des Puuc-Stils sowie der Stile von Chenes und Río Bec (siehe unten). Der **Haupttempel,** *Edificio de los Cinco Pisos,* schwingt sich in fünf Stockwerken, akzentuiert von einer breiten Treppe, hoch über die Wipfel des Buschwaldes auf.

Das Heiligtum an seiner Spitze trug früher einen maskengeschmückten Aufsatz, dem Edzná auch seinen dritten Beinamen, ›Haus mit dem Gesicht, das Grimassen schneidet‹, verdankt. Zwei Mal pro Jahr lässt sich an dem Heiligtum ein eindrucksvolles Lichtphänomen beobachten: Jeweils zwischen 1. und 3. Mai sowie 7. und 9. August fällt um 17 Uhr die Sonne dergestalt dort ein, dass eine sonst im Dunkeln verborgene Stele erleuchtet wird. Einst wurden zu diesen Zeitpunkten Blumen geopfert, Essenzen verbrannt sowie Gesänge und Tänze zelebriert. Diese Traditionen sind wieder aufgelebt: 150 Studenten des Instituto Campechano verkörpern da-

Kleine Einführung in die Maya-Baustile

Größe, Formen und Stile der Maya-Bauten veränderten sich von einer Region zur anderen, jede Stadt hatte ihren eigenen charakteristischen Stil. In der Zeit von der Klassischen (250–900 n. Chr.) zur Postklassischen Periode (900–1492 n. Chr.) gab es mindestens sieben unterschiedliche Baustile. In Yucatán sind vier dieser Stile zu bewundern:

Puuc-Stil: benannt nach einer Hügelkette im Nordwesten der Halbinsel Yucatán, charakteristisch ist die elegante Anordnung von Paneelen und Chac-Masken im oberen Teil der Gebäude, wie man sie besonders in Kabah und Uxmal beobachten kann.

Chichen-Itzá-Stil: wegen der Verschmelzung mit der Tolteken-Kultur auch als Maya-Tolteken-Stil bekannt, typisch sind dekorierte Säulen, die hauptsächlich Kriegs- und religiöse Szenen, aber auch Schlangenmotive zeigen.

Río-Bec-Stil: Hauptmerkmal sind die wegen ihrer Funktionslosigkeit so genannten ›falschen Türme‹, wie sie in Xpuhil (Campeche) zu sehen sind und die eine Pyramidenform nur vortäuschen sollen. Sie sind so steil, dass sie kaum zu besteigen sind.

Chenes-Stil: Kennzeichnend sind die riesigen Masken, die die Eingänge zu den Pyramiden bilden und deren Kinnladen beziehungsweise -backen sich über die gesamte Front ausdehnen.

bei die Hauptgestalten der Maya-Götterwelt.

Im Eingangsbereich werden Soft-Drinks und Snacks verkauft; einfache Kneipen finden sich im benachbarten Dorf Nayaxché.

Bus: Verbindungen 2 x tgl. von und nach Campeche. Dort werden auch organisierte Ausflüge nach Edzná angeboten. Informationen bei der Touristeninfo, den örtlichen Reisebüros sowie im Hotel Del Mar.

5

Highlight

Isla de Cozumel (J/K 3/4)

Fast kann man hinüberwinken vom Festland auf Mexikos größte Insel, denn nur knapp 15 km Meerwasser liegen zwischen San Miguel de Cozumel und dem Strand von Playa del Carmen. Zum Teil bis fast an die Küste bewaldet, von wildromantischen Buchten gesäumt und umgeben von zwei Dutzend atemberaubenden Riffen, gilt das igelförmige Eiland als eines der luxuriösesten Ferienparadiese des Landes. Der französische Meeresforscher Jacques-Yves Cousteau verankerte die inzwischen von rund 60 000 Menschen bewohnte Karibische Perle mit seinen Unterwasserfilmen über das Palancar-Riff auch bei europäischen Tauch-Enthusiasten als Sehnsuchtsziel (s. Tour 5, S. 117).

Ah-Cuzamil-Petén nannten die Maya die 45 x 18 km messende Insel, ›Land der Schwalben‹. Von den einst neun prähispanischen Tempeln sind fünf erhalten. 1518 statteten die Spanier unter Juan de Grijalva der Insel einen ersten – friedlichen – Besuch ab. Ein Jahr später traf dann Hernán Cortés ein, ließ die Pyramiden schleifen und eine Kirche errichten. Durch die von den Fremden eingeschleppten Krankheiten, Flucht oder Tod ging die Bevölkerungszahl von Cozumel drastisch zurück. Piraten machten wählten deswegen die Insel als zeitweiligen Unterschlupf.

Sehenswert

Museo de la Isla Cozumel:
in San Miguel de Cozumel,
drei Blocks nördlich der Mole am
Malecón, tgl. 9–17 Uhr, Eintritt
35 Pesos.
Geschichte und Traditionen der Insel sowie das vielfältige Leben der Korallenriffe und des Dschungels.

Parque Nacional Chanakanaab: Mit Pflanzen- und Fischreichtum prunkt dieser Nationalpark in der gleichnamigen Lagune. Wie in einem großen Aquarium tummeln sich in dem natürlichen Meeresbecken Hunderte von Unterwasserlebewesen. Auch Leguane und mehrere Dutzend anderer Tierarten sind vertreten, der dazugehörige Botanische Garten versammelt mehr als 100 verschiedene tropische Gewächse. Einige von ihnen birgt auch das Waldgebiet östlich von San Miguel, in dem der restaurierte Maya-Tempel **San Gervasio** liegt.

Parque Arqueológico: Der Archäologische Park bei San Miguel de Cozumal versammelt 60 Repliken von Maya-Bauwerken, Stelen und Statuen. Dort wird auch vorgeführt, wie man Tortillas backt und Hängematten webt.

Der Südteil der Insel: Südlich von San Miguel führt von der Küstenstraße eine kurze Piste zu den Ruinen von **El Cedral.** Der kleine Ort Cedral ist das landwirtschaftliche Zentrum von Cozumel. Folgt man der Küstenstraße weiter, gelangt man zu den fast kaum noch sichtbaren Maya-Ruinen **Tumba de**

Caracol und kann einen Abstecher zum 1901 erbauten **Leuchtturm** an der Punta Celarain machen.

Sport & Strände

Baden: Unter Palmen liegt die Playa Palancar. Der breite, goldgelbe Strand von Playa del Sol bietet Duschen, Schließfächer und diverse Sportmöglichkeiten. Beliebt vor allem beim mexikanischen Publikum und entsprechend bevölkert ist die Playa de San Francisco. Brandungsreicher, dafür aber ruhiger sind die Buchten der Ostküste. Manche lassen sich aber nur per Jeep erreichen.

An der Playa Chiqueros und an der durch ein Riff geschützten Playa Chen Río gibt es auch mehrere Restaurants; bekannt sind zudem die Strände von Punta Morena, San Martin und Xhanan. Die Punta Chiqueros bildet einen kleinen Schutzwall für die Playa Bonita, während vor der Playa El Mirador die Wellen wild an die Felsenküste peitschen.

Schnorcheln/Tauchen: Es gibt insgesamt 17 Tauchreviere in den Gewässern um die Insel. Schnorchler und Taucher starten von der Playa Palancar per Boot zu den Riffen. Anbieter von Tauchgängen sind z. B.: Aqua Safari, Av. R. Melgar zwischen Calle 5 und 7 Sur, Tel. 987 872 02 95; Aquatic Sports, Av. 15 Sur/Ecke Av. 21 Sur No. 1300, Tel. 987 872 06 40; Black Shark, Av. 5/Ecke R. Salas,

An der Strandpromenade von San Miguel

Tel. 987 872 56 57; Caribbean Divers, Calle 23 Sur No. 298, Tel. 987 872 11 45. Nicht-Tauchern bringt das batteriegetriebene **U-Boot** von Atlantis Submarines die Schönheiten der Unterwasserwelt nahe (Carretera nach Chankanaab, km 4, südliche Hotelzone, gegenüber dem Hotel Casa del Mar, Tel. 987 872 56 71).

Reiten: Am Strand von El Mirador und Punta Morena können Pferde gemietet werden, ebenso in zahlreichen all-inclusive-Hotels in den beiden Hotelzonen um San Miguel.

Golf: Cozumel verfügt über einen sehr schönen 18-Loch-Platz, am Blvd. Zona Hotelera Norte, km 6,5, Tel. 987 872 95 90, http://cozumelcountryclub.com.mx.

Einkaufen

Cozumel ist ein **Duty-Free-Hafen;** Kreuzfahrttouristen finden vor allem das Schmuckangebot interessant. In den Gassen um die **Plaza Principal** (auch del Sol genannt) bieten zahlreiche Händler alle möglichen Waren an – meist von minderer Qualität. An der **Uferpromenade** sowie an fast jeder Ecke im ganzen Innenstadtbereich finden sich Läden, Boutiquen und Kaufhäuser mit gehobenem Angebot.

La Fiesta:
Av. R. Melgar No. 29.
Mexikanisches Kunsthandwerk wie Decken und Keramik.

Three Shop Imperium:
Av. R. Melgar/Ecke Calle 4 Norte.
Drei Läden unter einem Dach: ein Spezialist für Silberwaren, einer für Schmuck und Objekte aus Onyx, einer für Strandaccessoires.

Los Cinco Soles:
Av. R. Melgar Norte No. 27.
Große Auswahl an Souvenirs und Kunsthandwerk aus ganz Mexiko in kolonialem Ambiente.

The Music Gift Shop:
Av. Benito Juarez/Av. 15
Alejandro Alcocer Alvirde, Anthropologe und Musikprofessor, hat eine große Sammlung von Instrumenten aus mehr als 30 Ländern der Erde zusammengetragen und verkauft interessante Stücke indigener Kulturen sowie CD's mit indigener Musik.

Ausgehen

Das Nachtleben spielt sich vor allem an der **Uferpromenade** (Av. R. Melgar) und um die **Plaza Principal** ab. Die Palette reicht von der Dinner-Cruise über Karaoke- und Live-Music-Bars bis hin zur Disco.

Crazy Snake:
Av. R. Melgar/Calle 7 Sur,
tgl. 7 Uhr morgens bis Mitternacht.
Cocktails mit und ohne Alkohol.

Hook's:
Av. A. Rosado Salas.
Der Einbeinige mit Enterhaken wurde noch nicht gesehen, aber es spielen oft *mariachi* und andere Gruppen in dem zünftigen Freibeuter-Ambiente.

Hard Rock Café:
Av. R. Melgar No. 2,
tgl. 18–23 Uhr.
Fast täglich treten hier entsprechende Live-Bands auf.

Neptuno:
Av. R. Melgar/Ecke Calle 11 Sur,
tgl. 20–1 Uhr.
Abtanzen zu aktuellen Sounds der Diskoszene.

Feste & Unterhaltung

Karneval (Ende März): Cozumel ist berühmt für seinen mitreißenden und farbenprächtigen Karneval.

Feria del Cedral (Ende April/Anfang Mai): Zum Gedenken an die erste katholische Messe in Mexiko, die angeblich auf der Isla de Cozumel gefeiert wurde. Fest mit Stierkämpfen, Viehauktionen, Tänzen und allerlei buntem Treiben.

Fideicomiso:
Av. 5 Sur/
Ecke Juaréz und Av. 1 Sur,
77600 Cozumel,
Tel. 987 872 75 85;
Av. R. Melgar/Av. Benito Juarez,
Plaza Del Sol Mall,
www.islacozumel.com.mx,
www.cozumel.net.

Tamarindo B & B:
Calle 4 Norte zwischen
Calle 20 und 25 No. 421,
Tel. 987 872 36 14,
Fax 987 872 61 90,
amarantotamarindo@prodigy.net.mx,
DZ ab 420 Pesos.
Charmante private Einheit mit nur fünf Zimmern um einen Patio im Zentrum von San Miguel. Eliana und Jorge bieten auch Yoga, Meditation, Taichi, Belly Dance an.

Vista del Mar:
Av. R. Melgar No. 45,
Tel. 987 872 05 45, 987 872 70 36,
Fax 987 872 70 43,
info@hotelvistadelmar.com,
DZ ab 600 Pesos.
Hotel mit 22 romantischen Zimmern im mexikanischen Stil an der quirligen Hafenpromenade von San Miguel.

Hacienda San Miguel Hotel & Suites:
Calle 10 Norte No. 500,
Tel. 987 872 19 86,
Fax 987 872 16 48,
www.haciendasanmiguel.com,
Studios ab 470 Pesos (für 2 Pers.),
Suiten ab 680 Pesos.
Kleine Kolonialstilanlage in San Miguel mit geschmackvoller Ausstattung im karibischen Stil.

Villablanca Garden Beach Hotel:
Carretera Costera Sur, km 3,
Tel. 987 872 07 30,
Fax 987 872 08 65,
nancyvillablanca@hotmail.com,
DZ ab 680 Pesos.
Zwei Dutzend Zimmer in einem üppigen Garten, mit Penthouse-Räumen und Villen. Tennisplatz und Tauchpackages.

Casa Mexicana Cozumel:
Av. R. Melgar Sur No. 457,
Tel. 987 872 90 90,
Fax 987 872 90 73, reservaciones @casamexicanacozumel.com,
DZ ab 450 Pesos.
Zeitgenössisch-mexikanisch designtes 90-Zimmer-Haus im Herzen der Stadt.

Strandrestaurants der gehobenen Preisklasse liegen an Cozumels landwärts gerichteter Küste. Einfach und im Preis moderat sind die Fisch- und Snack-Kneipen im Osten.

Costa Brava:
Calle 7 zwischen R. Melgar und Av. 5 Sur, gegenüber der Marine-Basis,
tgl. 7–23 Uhr, Hauptgerichte ab 35 Pesos.
Preiswerte Kneipe mit typischen einfachen Gerichten.

Rock & Java:
Av. R. Melgar No. 602,
Tel. 987 872 44 05, tgl 7–23 Uhr,
Speisen ab 35 Pesos.
Ein Paradies für Vegetarier – abends mit Live-Musik.

Casa Denis:
Calle 1a Sur No. 132,
Tel. 987 872 00 67,
tgl. 7–23 Uhr,
Hauptgerichte ab 55 Pesos.
Traditionelles Lokal am Hauptplatz mit exzellenter yucatekischer Küche, *Tacos* und frischem Fisch.

Casa Maya: Av. 5 No. 301,
Tel. 987 872 35 11,
Mo–Sa 12–22 Uhr,
Hauptgerichte ab 60 Pesos.
Klassische mexikanische Kost in lockerer Atmosphäre; gleichzeitig auch Bücherei, Galerie und Treffpunkt einheimischer Künstler.

La Veranda:
Calle 4 Norte zwischen Av. 5 und Av. 10, Tel. 987 872 41 32,
tgl. 12–24 Uhr, Shrimp-Curry 180 Pesos.
Fisch- und Meeresfrüchte-Spezialitäten, man kann sogar – gegen einen Obolus von 100 Pesos – seinen eigenen Fang zubereiten lassen.

La Cocay:
Av. 25/Ecke Calle 19 No. 1100,
Tel. 987 872 55 33,
Di–Sa 18.30–23 Uhr,
Menü ab 250 Pesos.
Fantasievolle Menüs, die nach Marktlage wechseln – z. B. Thunfisch-Tartar mit Avocado-Wasabi, Mandel-Vanille-Bohnen mit fangfrischem Fisch und Kartoffel-Birnen-Salat.

Fähre: 14 x von 5–22 Uhr pendelt die Jet-Personenfähre zwischen Playa del Carmen und Cozumel (Tel. 987 872 15 08, Fahrpreis einfache Fahrt: 80 Pesos). Ab Puerto Morelos verkehrt eine – wenig vertrauenserweckende – Autofähre. Von der Playa Tortugas gibt es 1–2 x tgl. Verbindungen nach Cancún.

Flugzeug: Der Flughafen befindet sich ca. 3 km außerhalb der Stadt, Tel. 987 872 04 85. Airlines: Aerocaribe, Tel. 987 872 08 77; Aerocozumel, Tel. 987 872 05 00.

Taxi: Von der Av. R. Melgar, der Av. 2 Sur und den Hotelzonen aus verkehren Taxis über die gesamte Insel (Tel. 987 872 15 08, 987 872 11 30, 987 872 02 36, 987 877 00 66), Preis: im Stadtgebiet 20 Pesos, zum Flughafen 50 Pesos; nach Chankanaab 70 Pesos, in den Süden 90 Pesos, nach San Gervasio 250 Pesos, zu allen archäologischen Stätten 500 Pesos. Wesentlich günstiger sind die Sammeltaxis *(colectivos/combis)*.

Mietwagen: Aquila, Av. R. Melgar 685, Tel. 987 872 07 29; Fiesta Cozumel, 11 Sur No. 598, Tel. 987 872 43 11; Less Pay, Av. R. Melgar No. 628, Tel. 987

872 47 44; Localiza, Av. 2 Norte No. 99, Tel. 987 872 21 11; Smart Plaza California, Tel. 987 872 56 51, 987 872 00 24.
Motorrad/Moped: Die luftige Alternative zum Mietwagen; verschiedene Angebote im Stadtzentrum, z. B. Scooter 2000, Tel. 987 872 26 77, Av. 5/ Ecke Calle 2 (neben Sports Bar).

Isla Mujeres (K 2)

Sattgrün ragt die 7 km lange und nur 100 m breite Insel aus dem Türkis der Karibischen See. Ihre Gestalt erinnert an einen in die Länge gezogenen Schwertfisch: Hinter der Bauchflosse liegt von Wind und Wellen geschützt die Laguna Macax mit dem Yachthafen; die beiden Salzseen Salina Grande und Salina Chica bilden die Innereien, das spitze Maul vor dem Leuchtturm-Auge wird akzentuiert von Resten einer Maya-Stätte, und der Hauptort bildet den Schwanz. Strenge Auflagen sorgen dafür, dass kaum Neubauten entstehen, ein Großteil des Inselinneren steht unter Naturschutz. Obwohl die Zeiten des Geheimtipps für Rucksackreisende längst vorbei sind, scheint es, als bewahre sich das 13 000-Seelen-Eiland noch immer etwas von dem Segen Ixchels, der von den Maya hier einst verehrten Göttin des Mondes, des Meeres, der Heilkunst und der Geburt.

Sehenswert

Wasser und Sand sind die eigentlichen Attraktionen der Isla Mujeres, dazu ein noch recht ruhiger Pulsschlag und vor allem in dem nur aus einem Dutzend Straßen bestehenden **Hauptort** ein optisches Flair, das eher karibisch anmutet als mexikanisch. Waschblaue, ockerrote und pastellgelbe Fassaden begrüßen am lebhaften Pier die Gäste. Motorisiert gelangt man in knapp 15 Minuten zum anderen Ende der Insel. Dort liegen auf der Punta Sur, der Südspitze, die spärlichen **Überreste des Ixchel-Tempels.** Zunächst kommt aber das neue ›*Pueblo Caraibe*‹ des **Garrafón-Parks** in Sicht und dahinter ein moderner Skulpturengarten mit abstrakten, farbig lackierten Metallkreationen. Nächster Stopp ist an den Ruinen der **Hacienda Mundaca.** Angeblich ließ der Pirat und Sklavenhändler Fermin Mundaca das einst stolze Anwesen für seine Geliebte erbauen.

Wer sich für **Tauchhistorie** interessiert und Spanisch spricht, kann den Taxifahrer bitten, ihn in der Nähe des Garrafón-Parks zur Witwe von Ramon Bravo zu bringen. Lange Zeit hat dieser Herr mit Jacques Costeau gearbeitet. Sein Erbe sind eine Fülle von Filmmaterialen, Aufzeichnungen und Fundstücken aus dem Meer, die irgendwann einmal in einem eigenen Museum ausgestellt werden sollen. Noch gibt es aber keine konkreten Pläne. Sarah Bravo zeigt und plaudert aber gern auch in ihren eigenen vier Wänden.

Schildkröten-Zuchtstation
(tortugranja): Carretera Sac Bajo, km 5, tgl. 9–18 Uhr, Eintritt 35 Pesos. Eine kleine Ausstellung erklärt die Lebensbedingungen und Eigenheiten der verschiedenen karibischen Schildkröten-Spezies.

Sport & Strände

Baden: Der beliebteste und ausgedehnteste Strand Playa del Norte (auch Playa del Coco genannt) beginnt schon am Leuchtturm, nur wenige Spazierminuten vom Fähranleger entfernt. Das Wasser ist klar, seicht und ruhig, am Ufer spenden Palmen wohltuenden Schatten, man kann Surfbretter leihen, Wasserski- und Tauchkurse buchen. Snackbuden halten kalte Getränke sowie Kleinigkeiten gegen den Hunger bereit.

An der Ostküste erstreckt sich etwa auf gleicher Höhe die wegen relativ starker Brandung wenig besuchte Playa Pancholo. Die Ausflugsschiffe von Cancún ankern meist direkt an der Playa Lancheros, etwa 5 km südöstlich des Zentrums. Sie wird flankiert von weiteren Strandbuchten wie Playa México, Playa Paraíso und Playa Indios – alle mit (Hotel)-Restaurant und Fun- bzw. Sportmöglichkeiten.

Tauchen: Amigos de la Isla Contoy, Rueda Medina, Tel. 998 877 01 18; Bahia Dive Shop, R. Medina No. 166, Tel. 998 877 03 40; Coral, Matamoros No. 13 A, Tel. 998 877 00 61; Club de Yates, R. Medina, Tel. 998 877 00 86; Marina Puerto Isla Mujeres, Puerto de Abrigo Lagana Macax, Tel. 998 877 04 85.

Nationalpark El Garrafón:
Tel. 998 883 32 33 (Cancún),
tgl. 8–17 Uhr.
Die Freizeitanlage mit ihrem Korallenriff bietet Schnorchel- und Tauch-Anfängern faszinierende Einblicke in die Unterwasserwelt. Kleine Bühne, Pool, Shops, Restaurants, Bars und eine Eisdiele (s. Tour 5, S. 117).

Cavernas de los Tiburones Durmientes (Höhlen der schlafenden Haie):
Gutes Terrain für erfahrene Taucher.

Hochseeangeln: Auskunft im Yachthafen.

Delfinschwimmen: Dolphin Discovery, Villa Pirata, Tel. 998 877 02 07.

Bootsfahrten: Zahlreiche Cooperativen von *lancheros* bieten an den Stränden direkt am Fährhafen ihre Dienste an; ein 4-stündiger Ausflug durch die Inselgewässer kostet pro Person ca. 180 Pesos (inkl. Mittagessen). Angebote z. B. von Captain Tony Garcia auf der ›Guadalupana‹ (Tel. 998 877 02 29, capitantony@latinmail.com).

Einkaufen

Arte en papel mache:
Av. Lopez Mateos, zwischen Calle Guerreo und Av. Hidalgo.
Emil Sosa Medina stellt aus Papier-Maché wunderbare Masken und Fabelwe-

Ein Eldorado für Schnorchler: die Lagunen an der Riviera Maya

sen her – oft nach Motiven aus seinen Träumen. Die Kunstwerke sind das Ergebnis vieler Tage und haben ihren Preis.

Rachat@Romero:
Av. Juárez/Ecke Av. Morelos.
Wie in der dazugehörigen, gegenüberliegenden Silverfactury gibt es hier Silberschmuck in allen Varianten nach Grammpreisen.

Mercado de Artesanías:
Matamoros/Ecke Carlos Lazo.
Schmuck, Keramik, Hängematten und anderes mexikanisches Kunsthandwerk umfasst das Sortiment dieses Mercados.

Eine kleine Auswahl von **Obst, Gemüse und anderen Lebensmitteln** gibt es im kleinen Mercado in der Av. Vincente Guerrero, wo man auch günstig essen kann.

Ausgehen

Buho's:
Playa Norte, vor den
Cabañas Maria del Mar,
tgl. 18–24 Uhr.
Bekannt als ›The Swing Bar‹. Schöner Platz für Happy Hour Drinks.

Isla Tequila:
Av.Hidalgo/Ecke Matamoros.
Live Musik und gute Stimmung.

Kokonuts:
Av. Hidalgo/Plaza Isla Mujeres,
tgl. 20–24 Uhr.
Populär bei Einheimischen und Touristen.

La Peña:
Av. Guerrero, tgl. 17–24 Uhr.
Die bislang einzige Bar mit Blick auf die Karibische See.

Maria Jose Cantina:
Av. Francisco/Ecke Madero,
tgl. 12–24 Uhr.
Traditionelle mexikanische Cantina mit Bier, Cocktails and Snacks.

Feste & Unterhaltung

Sol a Sol (Ende April/Anfang Mai): Die Yachten der Hochseeregatta ›Sol a Sol‹ laufen im Hafen der Isla Mujeres ein.

Bootsprozession: (Anfang Sept.): Jeden Herbst, wenn die Langustensaison beginnt, organisieren die Fischer eine Bootsprozession zur Isla Contoy, bei der eine Marienstatue mitgeführt wird.

Touristeninformation:
Av. Morelos No. 310,
77400 Isla Mujeres,
Tel. 998 877 05 78,
www.isla-mujeres.net.

Casa Maya & Zazil Ha Bungalows:
Calle Zazil Ha No. 129/Ecke Punta Norte, Tel./Fax 998 877 00 45,
www.casamaya.com.mx,
DZ 400–1400 Pesos.
Nur 16 Einheiten umfassende Strandanlage mit einfachen Zimmern, Bungalows und Honey-Moon-Suite.

Meson del Bucanero:
Av. Hidalgo No. 11,
Tel. 998 877 02 10,
www.bucaneros.com,
DZ ab 440 Pesos.
Kleines, familiengeführtes, gepflegtes Traditionshaus im Ortszentrum

Na Balam: Calle Zazil Ha No. 118,
Tel. 998 877 02 79, Fax 998 877 04 46,
www.nabalam.com,
DZ ab 1320 Pesos.
30 großzügige Zimmer in einer zweistöckigen Anlage direkt am Nordstrand. Kleine Duschbäder; Yoga- und Meditationsmöglichkeiten.

Casa de los Sueños:
Carretera Garrafón, Fracc. Mar Turquesa, Tel. 998 877 06 51,
Fax 998 877 07 08,
www.casadelossuenosresort.com,
DZ ab 2600 Pesos.

In der Tat ein traumhaftes, intimes Designhotel fern jeglichen Rummels mit exquisitem Spa und ebensolcher Küche. Pool, Meer und die intensiven Farben der Mauern bilden ein wunderbares karibisches Tableau.

Café El Nopalito:
Av. Guerrero No. 70,
tgl. 8–18 Uhr,
Speisen ab 30 Pesos.
Wer nach all den Tacos und Tortillas Sehnsucht nach Müsli und Joghurt hat, ist hier genau richtig. Leckere Sandwiches.
Bucanero:
Av. Hidalgo No. 11,
Tel. 998 877 01 26,
tgl 7–23 Uhr, Hauptgerichte ab 35 Pesos.
Mexikanische Gerichte, sorgfältigst aus frischen Zutaten bereitet. Gute Fruchtmixgetränke.
Rolandi's: Av. Hidalgo No. 110,
Tel. 998 877 04 30, tgl. 11–23 Uhr,
Hauptgerichte ab 45 Pesos.
Eine Institution. Seit fast 25 Jahren kommen hier original italienische Pizzen aus dem Ofen, auch Nudelgerichte und guter Espresso.

Café Color de Verano:
Av. Lopez Mateos,
Tel. 998 877 12 64,
tgl. 15–23 Uhr, ab 25 Pesos.
Café und Boutique, herrliche Kuchen, Crêpes, verschiedene Kaffees und Teesorten.

Fähre: Alle 30 Min. Fährverbindungen von/nach Cancún, Puerto Juárez (Personenfähre; Dauer ca. 15 Min., 35 Pesos) oder Punta Sam (Autofähre; Häufigkeit variiert je nach Saisonzeiten).
Nauti-Shuttle (25 Min.) von/nach Cancún, El Embarcadero bis/ab Fährpier oder El Garrafón-Park mehrmals tgl.
Taxi: Av. Rueda Medina, bei der Fährmole, Tel. 998 877 00 66, Tarife im Stadtbereich ca. 9–13 Pesos, bis Garrafón 44 Pesos, eine Inselrundfahrt kostet 150 Pesos pro Stunde.
Wer nur sein Gepäck transportiert haben möchte, kann am Fährhafen auch einen der Tricylo-Fahrer anheuern. Dieser Service hat keinen festen Preis, man gibt ab 5 Pesos.
Mietwagen: El Zorro, Av. Guerrero No. 7A, Tel. 998 877 04 21; Gomar, Madero No. 65, Tel. 988 877 06 04; Joaquin, Juarez No. 7, Tel. 998 877 03 89.
Fahrrad- und Golfcart-Verleih in der Nähe des Fährpiers.

6 Highlight

Izamal (E 2)

Strahlend gelb wie die Sonne präsentiert sich dieses koloniale architektonische Juwel Yucatáns. Nahezu alle Fassaden tragen den heiteren Anstrich, altmodische Pferdekaleschen schaukeln durch die ruhigen, im Schachbrettmuster angelegten Straßen zwischen den Maya-Ruinen, dem mächtigen Kloster im Norden des kleinen schattigen Parks und dem gemütlichen Markt an seiner Seite.

Gegründet wurde Izamal, das heute rund 15 000 Einwohner zählt, der Legende nach von Zamná, dem obersten Gott der Maya. Über Jahrhunderte pilgerten die Maya nach Izamal, um seinem Orakel zu lauschen. Die spanischen Eroberer erkoren diesen wichtigen Zeremonialort der ›Andersgläubigen‹ im 16. Jh. bewusst zum Ausgangspunkt ihres Missionierungsfeldzugs: Hier errichteten sie das erste und größte Kloster Yucatáns.

Sehenswert

Am Hauptplatz: Das Rathaus-Gebäude aus dem 16. Jh. ist das größte im Bundesstaat. Mit noch mehr Superlativen kann indes das **Franziskaner-Kloster** aufwarten. Der spanische Missionar und spätere Bischof Diego de Landa gab seinen Bau 1553 in Auftrag. Ursprünglich lag an der Stätte des Klosters der Maya-Tempel Ppap-Hol-Chac. Seine Steine dienten zur Errichtung der christlichen Kultstätte. Das Innere des Konvents birgt einen vergoldeten Barock-Altar und Original-Fresken. In einer kleinen Kapelle hinter dem Presbyterium steht die Statue der Virgen de la Inmaculada Concepción, die als Schutzpatronin Yucatáns verehrt wird. Die Altar-Gemälde der Jungfrau-Kapelle wurden Anfang 1990 von einer yucatekischen Künstlerin restauriert (tgl. 9–19 Uhr sowie zu den Messen geöffnet).

Der große **Zeremonial-Platz Izamal** wurde einst gebildet von den vier Tempeln Ppap-Hol-Chac, Kabul, Itzamatul und Kinich Kakmó. Mit ihren 207 m Länge und 190 m Breite ist die Pyramide von Kinich Kakmó die an Volumen größte in Yucatán.

Einkaufen

Hecho a Mano:
Calle 31 No. 323 zwischen
Calle 36 und 34,
tgl. 10–14, 16–19 Uhr.
Jeanne Hunt ist Fotografin, Hector Gonzales sammelt mexikanische Volkskunst. Das Lädchen spiegelt beider Leidenschaften – von der Hängematte über Keramik bis zu Werken aus Pappmaché ist hier alles zu haben.

›Licor de Hennequen‹

Im Herbst 2003 hat vor den Toren Izamals eine kleine Fabrik eröffnet, die aus der grünen Sisal-Agave einen Schnaps brennt. Der **Licor de Hennequen** wird exakt nach dem gleichen Verfahren wie Tequila gewonnen – und schmeckt auch so. Die Anlage kann besichtigt, der *Licor* probiert werden (Calle 42, Kontakt und Infos über das Tourismusbüro; es wird auch englisch gesprochen).

La Palmera de Izamal:
Calle 26 No. 344.
Kunsthandwerkliches aus der Sisal-Agave.

Feste & Unterhaltung

Mit farbenfrohen Festen gedenkt das Städtchen seiner ambivalenten Vergangenheit. Besonders eindrucksvoll sind die **Marien-Prozessionen** am 31. Mai, 11. Aug. und 8. Dez.

Seit Nov. 2003 findet Sa 20 Uhr (bzw. nach Ende der Messe) ein **Luz-y-Sonido-Spektakel** in fünf Gemeinden statt, gepaart mit einem kleinen Kunsthandwerksmarkt. Nähere Infos erhält man über das Touristenbüro.

Oficina Municipal de Turismo:
Am Hauptplatz, 97540 Izamal,
Tel. 988 954 01 53, 988 954 00 09.

Hotel Kabul:
Calle 31 No. 301,
DZ ab 250 Pesos.
Einfache kleine Stadtpension ohne viel Komfort.

Green River:
Calle 39 zwischen Calle 38 und 40,
Tel. 988 954 03 37,
DZ ab 350 Pesos.
18 angenehme Zimmer in ruhiger Umgebung etwa vier Blocks vom Zentrum.
Macan-Che: Calle 22 No. 305 zwischen Calle 33 und 35,
Tel./Fax 998 954 02 87,
www.macanche.com,
DZ ab 350 Pesos, Cottages ab 550 Pesos inkl. Frühstück.
B & B: zwölf hübsche Bungalows umgeben von einem tropischen Garten in einer ruhigen Straße, drei Blocks vom Stadtzentrum.

El Toro:
Plazuela del Toro,
Tel. 998 955 32 70, tgl. 12–21 Uhr,
Hauptgerichte ab 35 Pesos.
Grillspezialitäten und yucatekische Küche in rustikaler Atmosphäre.
Kinich Kakmo:
Calle 27 No. 299
zwischen Calle 28 und 30,
Tel. 998 954 04 89,
tgl. 8–19 Uhr,
Gerichte ab 40 Pesos.
Nur 200 m von den Pyramide entfernt, Snacks und mexikanische Gerichte.
Tumben-Lol:
Calle 22 No. 302,
Tel. 998 954 02 31, tgl. 12–16 Uhr,
Hauptgerichte ab 50 Pesos.
Yucatekische Spezialitäten, serviert unter einer großen Palapa. Viele Touristengruppen, oftmals treten ein Musik-Duo und das lokale Folklore-Ballett auf.

Bus: Alle 30 Min. ab Mérida vom Terminal Calle 62 zwischen Calle 65 und 67; in Izamal Calle 33 (hinter dem Rathaus); letzte Fahrt um 21 Uhr. Auch Verbindungen nach Valladolid.

Highlight 7

Mérida (C/D 2)

Am besten reserviert man sich für den Besuch Méridas ein Wochenende. Dann zeigt die rund 1,3 Mio. Einwohner zählende ›weiße Stadt‹ aus der Kolonialzeit ihre charmanteste Seite: Das historische Zentrum wird zur Fußgängerzone, Restaurants stellen Tische und Stühle auf die Straße, Konzertpodien und Imbissstände werden aufgebaut, und im Grün des Zócalo-Parks flanieren Einheimische und lassen sich die Schuhe auf Hochglanz polieren. Respektvoll schaut man auf die Maya-Frauen in der Tracht von Chiapas, die an der Plaza Hidalgo ihr *artesanía*-Angebot auf dem Straßenpflaster auslegen, während einen Steinwurf weiter ein Brautpaar ehrfürchtig durch das Portal der kleinen Jesús-Kirche schreitet.

In hochrädrigen, offenen Pferdekaleschen lassen sich die Reichen der Stadt oder fröhliche Touristengrüppchen durch die Straßen schaukeln, die Calle 60 hinauf, vorbei am Parque Santa Lucía, bis zum Paseo Montejo, dem breiten Pracht-Boulevard mit seinen vornehmen Villen und Palästen. Die schattige Schneise im Norden des Zentrums, an deren Saum heute Banken, Versicherungen und Fluggesellschaften residieren und moderne Hotel- und Restaurantbauten in den Himmel ragen, wurde Ende des 19. Jh., als der Sisal-Boom Mérida Reichtum bescherte, nach dem Vorbild der Champs Elysées geschlagen. Benannt ist sie nach Francisco Montejo. Der Spanier ließ 1542 die ersten Gebäude der heutigen Stadt errichten – vorwiegend mit den Steinen der Maya-Siedlung T'ho, die vorher an dieser Stelle gestanden hatte.

Die Architektur kolonialer Bauten prägt bis heute das Herz Méridas. Zu be-

Plaza Mayor – der ›Salon‹ der Stadt Mérida

stimmten Tageszeiten erstickt seine Fassadenpracht allerdings fast unter der Flut der Sammeltaxen und Busse, die röhrend und hupend die Bewohner der Außenbezirke zur Schule, Vorlesung, Arbeit oder zum Einkauf karren. Ordnung und Chaos, Wohlstand und Armut liegen auch in Mérida eng beieinander. Um den alten Stadtkern liegt ein Kranz von Fabriken: Brauereien, Sisalteppich- und Konserven-Manufakturen, fruchtverarbeitende Betriebe, vor allem aber *maquiladoras* – Lohnveredelungsbetriebe ausländischer Firmen. Seit einigen Jahren wächst sich zudem der Tourismus zu einem wichtigen Wirtschaftsfaktor aus, in den kräftig weiter investiert wird.

Sehenswert

Zócalo: Der Zócalo (Plaza de Armas) wurde auf der Basis eines ehemaligen Maya-Tempels angelegt, um ihn ballen sich die Hauptwerke von Méridas kolonialer Geschichte.

Kathedrale San Idelfonso: Die doppeltürmige Kathedrale errichteten die Baumeister Francisco Montejos 1561–98 aus den Quadern der alten Maja-Siedlung T'ho. Bis zur Revolution war ihr Inneres üppig mit Gold und Silber dekoriert. Im September 1915 stürmten aufgebrachte Eisenbahn- und Hafenarbeiter das Gotteshaus und verwüsteten es. Gläubige verehren in ihm den ›Christus der Brandblasen‹, eine Holzfigur, die mehrmals unbeschadet dem Feuer widerstand.

MACAY/Museo de Arte Contemporana Yucateca:
Plaza Mayor/Ecke Calle 60,
Mi–Mo 10–17.30 Uhr,
Eintritt 20 Pesos.
Untergebracht im ehemaligen Bischofspalast, wo einst der fanatische Missionar Diego de Landa residierte. Permanente Ausstellung zeitgenössischer yucatekischer Künstler.

Casa Montejo: Auch für das einstige

Wohnhaus der spanischen Stadtgründer wurden Maya-Steine verwendet. Die Skulpturen an seiner Fassade zeugen von der Unterdrückung der *indígenas* durch die Konquistadoren.

Palacio Municipal: Das 1735 erbaute Rathaus mit seinem schlanken Uhrturm und den schattigen Arkaden, hinter denen sich ein modernes Kulturzentrum verbirgt, bildet einen hübschen Gegenpol zur Kathedrale. Von seinem Balkon wurde 1821 zum ersten Mal Yucatáns Unabhängigkeit proklamiert.

Planetarium:
im Olimpio-Kulturzentrum unter den Arkaden des Palacio Municipal, So–Mi, Eintritt 30 Pesos.

In zwei Shows können maximal 80 Besucher ›Die Sterne der Nacht‹ und ›Neue Horizonte‹ erleben, eine virtuelle Reise durch das Sonnensystem, zu seinen Planeten und Satelliten.

Palacio del Gobierno: Im Regierungspalast veranschaulichen Wandbilder und Gemälde von Fernando Castro Pachego Méridas wechselvolle Geschichte. Von der Fensterfront des Bildersaals *(Sala de Historia*, 6.30–23 Uhr) bietet sich vor allem im Abendlicht ein zauberhafter Blick auf die Kirche.

Hidalgo-Platz: Belle-Epoque-Charme verströmt der kleine Hidalgo-Platz mit der 1618 von den Jesuiten als Teil ihres Klosters errichteten Iglesia de Jesús an der Seite. Das restaurierte Teatro José Peón Contreras mit dem pompösen Treppenaufgang gehörte ursprünglich auch zu dem Konvent, wurde aber zur Zeit des Sisal-Booms umgestaltet.

Museo de la Ciudad:
Calle 61 zwischen Calle 58 und 60, Di–Fr 10–14, 16–20 Uhr, Sa/So 10–14 Uhr, Eintritt frei.
Stiche, Fotos, Dokumente und Gemälde zur Bau- und Bevölkerungsgeschichte von Mérida.

Museo de Arte Popular:
Calle 59/Ecke Calle 50 (im ehemaligen Mejorada-Kloster), Di–Sa 9–20, So 8–14 Uhr, Eintritt 15 Pesos.
Überblick über Kunst und Traditionen der Maya sowie über mexikanisches Kunsthandwerk.

Museo de la Canción Yucateca:
Calle 57 No. 464, Di–So 9–17 Uhr, Eintritt 15 Pesos.
Hemden, Brillen, Noten, Porträts von yucatekischen Sängern, Komponisten und Musikern.

Museo de Antropología e Historia: Palacio Cantón, Paseo Montejo/Ecke Calle 43, Di–Sa 8–20 Uhr, So 8–14 Uhr, Eintritt 32 Pesos.
Sammlung zur Kulturgeschichte der Maya wie z. B. Opfergaben, Textilreste mit noch heute gängigen Mustern, Repliken der Tempelfresken von Tulum usw. Auch Wechselausstellungen.

Parque Zoologico el Centenario:
Av. Itzaes s/n, auf der Höhe von Calle 59, tgl. 8–19 Uhr.
Großes, bereits 1910 eröffnetes Erholungsareal mit verschiedenen Tieren der Region, Aviarium und Aquarium, künstlichem (Bade-)see und Ponyreitmöglichkeit.

Sport & Strände

Baden: Die Strände von Progreso (C/D 1/2) erreicht man in rund 30 Min. Autofahrt, zur Küste bei Celestún (B 2) dauert die Fahrt ca. 1 Std.
Golf: Club de Golf la Cieba (18 Loch), km 14,5, an der Autobahn Mérida–Progreso, Tel. 999 922 00 53.
Rapelling: Fernando Torres/Mónica Mora, Residencial Pensiones, Calle 5 D No. 626, Tel. 999 987 80 40.
Cenote-Tauchen: Balambeh Expeditions: Calle 62 No. 471, Tel. 999 986 65 96.

Einkaufen

Die eleganten Malls liegen am **Paseo Montejo,** Kunsthandwerk und Kleidung aus unbehandelter Baumwolle sowie die traditionellen Guyabera-Hemden und bestickten *Huipiles* gibt es in den kleinen Läden nördlich der **Plaza Mayor** (Plaza de Armas).
Mercado Municipal:
Calle 65 zwischen Calle 64 und 54, Mo–Sa 8–19 Uhr.
Von exotischen Früchten über Eisenwaren bis hin zu Ledersandalen findet man in den Marktgängen alles, was das Herz begehrt.
Tequileria Ajúa:
Calle 59 No. 502.
Tequila in allen Variationen und Preislagen; einige können auf Anfrage auch probiert werden.
Camiseria Canul:
Calle 62 No. 484.
Guayaberas (die typischen Herrenhemden) in verschiedenen Stoffen; Baumwollhosen. Änderungsservice im Preis inbegriffen.
Sac-Be:
Calle 62 No. 483.
Hängematten aller Größen und Qualitäten; auch Reparaturservice dafür. Kleine Auswahl an Kunsthandwerk.
Casa de los Artesanias:
Calle 63 No. 503 zwischen Calle 64 und 66.
Yucatékisches Kunsthandwerkshaus, das rund 20 000 Erzeuger im Bundesstaat unterstützt, ökologische Anbauprogramme für ihre Grundmaterialen fördert und neue Produkte lanciert. Die Palette reicht von Hängematten über Kleidung bis zu Dekoartikeln.

Ausgehen

Disco-Clubs:
Mambo Café:
Plaza Las Américas, tgl. 20–24 Uhr.
Großer Club, vorwiegend Salsa, oftmals Live-Musik.
Tequila Rock:
Prolongación Montejo/Ecke Av. Campestre, tgl. 20–1 Uhr.
Pop u. a.
Antrox:
México Norte, Fr–So 19–1 Uhr.
Verschiedene Musikstile.
Live-Musik:
La Parilla:
Prolongación Montejo No. 87, tgl. 19–23 Uhr.
Trova yucatéka (s. S. 11) als Begleitung für ein mexikanisches Dinner.
Amaro:
Calle 59 No. 507, tgl. 19–23 Uhr.
Innenstadt-Restaurant mit *Trova yucatéka.*
Ki' bok:
Calle 60 zwischen Calle 53 und 55, Fr–So 21–1 Uhr.
Beliebtes Café am Santa Lucia Park, wandelt sich abends zur Bar mit verschiedenen Musikstilen.

Feste & Unterhaltung

Karneval: Nach dem Vorbild des Mardi Gras in New Orleans feiert Mérida einen ausgelassenen, bunten Karneval. Mittwochabend geht es los auf dem Paseo Montejo, danach findet bis zum Aschermittwoch tgl. eine Straßenparade statt. Besonders schön ist der Maskenumzug am Sa und der regionale Umzug am Mo, bei dem alle den *terno* tragen, die traditionelle, weiße Tracht Méridas. Dienstagmittag ab 12 Uhr tobt dann der ›Blumenkrieg‹; am Aschermittwoch verliest die Witwe des Karnevalskönigs Juan Carnival dessen letzten Willen, bevor er – als Stoffpuppe – in den Flammen verglüht.

Fiesta de Cristo de las Ampollas (14. Sept.–17. Okt.): Seit 1886 ehren die verschiedenen Zünfte Méridas in der Kathedale San Idelfonso den Cristo de las Ampollas. Es werden Messen gelesen, aber auch Feuerwerke abgebrannt, und Musikkapellen ziehen durch die Straßen.

Yucatán Vogel-Festival (Mitte Nov.): Das Programm umfasst u. a. eine Fotoausstellung, einen ›Vogelmarathon‹ in den Bioreservaten von Celestún und Río Lagartos, Yaxuna und Kiuic und geführte Touren an die Nordküste Yucatáns. Info über Barbara Mac Kinnon (barbarm@sureste.com) und www.yucatanbirds.org.mx.

Stierkampf (Nov.–Mitte Feb.): Sonntags ist Corrida-Tag in Mérida – an der Plaza de Toros. Plätze gibt es ab 30 Pesos in der Sonne und ab 50 Pesos im Schatten. Tickets erhält man direkt in der Arena, am Zocaló sowie in allen Oxxo-Läden.

Vacquería Regional (jeden Mo ab 21 Uhr und So ab 11 Uhr): Vorführung regionaler Tänze vor dem Rathaus (gratis).

Serenata de Santa Lucia (jeden Do ab 21 Uhr im Parque Santa Lucia): Freiluftkonzert mit yukatekischen Troubadoren (gratis).

Maya-Theater

›Sieben Momente im Leben der Maya‹ lautet der Titel einer packenden Theateraufführung, die fast 500 Indigenas aus Ticopo und Umgebung einstudiert haben. Mehr als eine Stunde lang geben sie jeden Samstag ab 16 Uhr (Winter) bzw. 17 Uhr (Sommer) auf einem Dorf-Feld etwa 20 km außerhalb von Mérida Einblick in den traditionellen Alltag ihres Volkes (Infos & Tickets: Teatro y Espectaculos S.C.P. Calle 76 No. 500, Tel. 999 924 44 62 sowie in jedem Omega Photo-Laden; 120 Pesos).

Corazon de Mérida (jeden So): Auftritt verschiedener Bands um den Zócalo.

Touristeninformation: Calle 60/Ecke Calle 57 (im Teatro José Peón Contreras), 97000 Mérida,
Tel. 999 924 92 90,
tgl. 9–20 Uhr.

Módulo de Información:
Palacio Municipal,
Tel. 999 928 20 20, ext. 833;
Palacio de Gobierno,
Tel. 999 928 22 58.

Stadtrundgang:
Jeden Morgen um 9.30 Uhr kostenlose Tour durch die City, Infos am Touristinfo-Kiosk am Palacio Municipal, Tel. 999 928 20 20.

Stadtrundfahrten per Bus:
Mo–Sa tgl. 10, 16 und 19 Uhr, So 10 und 13 Uhr, 75 Pesos, Abfahrt am Parque Santa Lucia, Tickets und Infos unter Tel. 999 927 61 19.

Hotel Trinidad:
Calle 62 No. 464,
Tel. 999 923 20 33,
Fax 999 924 98 06,
DZ ab 400 Pesos.
Im historischen Zentrum, familiär geführt, altes Kolonialstil-Gebäude nur fünf Fußminuten vom Zócalo. Moderne Gemälde und Skulpturen, riesige Zimmer.

Hotel Colon:
Calle 62 No. 483,
Tel. 999 923 43 55,
Fax 999 924 49 19,
www.hotelcolonMérida.com,
DZ ab 470 Pesos.
Ursprünglich erbaut als öffentliches Bad; die zehn historischen Bädereinheiten sind noch in Betrieb. 53 Zimmer mit kolonialem Flair.

Calinda Panamericana:
Calle 59 No. 455,
Tel. 999 923 91 11, 999 923 94 44,
Fax 999 924 80 90,
www.hotelpanamericana.com.mx,
DZ ab 550 Pesos.
Schönes Kolonialhaus in der Altstadt, vier Blocks vom Zócalo, 92 Zimmer und 18 Suiten, Pool.

Maison Lafitte:
Calle 60 No. 472
zwischen Calle 53 und 55,
Tel. 999 928 12 43/44/45,
www.maisonlafitte.com.mx,
DZ ab 686 Pesos inkl. Frühstück.
Ehemals koloniales Privathaus mit kleinem Innenhofgarten und Pool, unmittelbar am Parque Santa Lucia. 30 Zimmer, z. T. recht klein, nur Duschbäder.

Hotel Caribe:
Calle 59 No. 500,
Tel. 999 924 90 22,
Fax 999 924 87 33,
www.hotelcaribe.com.mx,
DZ ab 750 Pesos.
Im ruhigen Innenhof und am Pool auf dem Dach lässt es sich im Herzen der Stadt trefflich relaxen.

La Mision De Fray Diego:
Calle 61 No. 524
zwischen Calle 64 und 66,
Tel 999 924 11 11,
DZ ab 850 Pesos.
Schön restauriertes ›mansion‹ aus dem 17. Jh. mit nun nur 26 Zimmern um einen Innenhof.

Villa Mercedes:
Av. Colon No. 500,
Tel. 999 942 90 00,
Fax 999 942 90 01,
www.hotelvillamercedes.com.mx/,
DZ ab 1000 Pesos.
First-Class-Boutique-Hotel mit historischer Eleganz. 84 Zimmer, Babysitting.

Außerhalb:
Hacienda Katanchel:
Autobahn Mérida–Cancún, km 26,
Tel. 999 923 40 20,
Fax 999 923 40 00,
DZ ab 1800 Pesos.
Aus den Relikten einer im Dschungel versunkenen, ehemaligen Sisal-Hacienda schufen Mónica und Aníbal Gonzalez ca. 15 Autominuten von Mérida entfernt Yucatáns bislang einziges Öko-Luxushotel.

Hacienda Xcanatun:
Carretera Mérida–Progreso, km 12,
Tel./Fax 999 941 02 13,
www.xcanatun.com,
DZ ab 2200 Pesos.
18 Suiten in kolonialem Ambiente. Maya-Spa mit Honig/Blüten-Massage oder Aloe-Vera-Wickel, exzellentes (öffentliches) Restaurant.

Preisgünstige und gute yucatekische Küche gibt es im ersten Stock des **Markthallengebäudes.** In der Fischabteilung im Erdgeschoss löffeln die Meridianer mittags gern einen Meeresfrüchte-Cocktail.

Café la Habana:
Calle 59 No. 51,
Tel. 999 928 65 02, 24 Std. geöffnet, 15–50 Pesos.
Guter Kaffee, Riesensandwichs, mexikanische Küche. Beliebte Frühstücks- und Snack-Adresse.

Marlin Azul:
Calle 62 No. 448 (kein Tel.),
Mo–So 12–16 Uhr,
Hauptgerichte ab 35 Pesos.
Fisch in allen Varianten – in einem lauten Snackambiente mit nur fünf Tischen.

La Flor de Santiago:
Calle 70 No. 478 zwischen Calle 57 und 59, tgl. 6–23 Uhr,
Frühstück ab 25 Pesos,
Tagesgericht 40 Pesos.
Yucatáns älteste Cafeteria; mit eigener Bäckerei, in der Brot im Holzofen gebacken wird.

La Via Olimpio:
Calle 62 zwischen Calle 61 und 63 (unter den Rathausarkaden),
Tel. 999 923 58 43,
Mo–So 7–23 Uhr,
Hauptgerichte ab 50 Pesos.
Sopa de Lima, Sandwichs, Fisch – gepaart mit Internetcafé.

Los Almendros:
Calle 50/Ecke Calle 57,
Tel. 999 923 81 35, tgl. 10–23 Uhr,
Hauptgerichte ab 55 Pesos.
Authentische yucatekische Küche in Bestform. Der große zweigeteilte Saal wirkt allerdings wenig gemütlich.

Amaro:
Calle 59, No. 507,
Tel. 999 928 24 51, tgl. 11–2 Uhr,
Hauptgerichte ab 55 Pesos.
Eine grüne Oase im Geburtshaus des Poeten und Patrioten Andrés Quintana Roo. Vegetarier kommen hier ebenso auf ihre Kosten wie Liebhaber von Fisch, Huhn und einheimischen Spezialitäten.

Pórtico del Peregrino:
Calle 57 No. 501,
Tel. 999 928 61 63,
tgl. 12–23 Uhr,
Hauptgerichte ab 55 Pesos.
Die gepflegte yucatekische und internationale Küche mundet am besten im reizenden Innenhof dieses Kolonialstil-Gebäudes oder in den beiden angrenzenden, intimen Räumen, die mit Antiquitäten ausgestattet sind.

Alberto's Continental:
Calle 64/Ecke Calle 57,
Tel. 999 928 53 67, tgl. 18–24 Uhr,
Hauptgericht ab 65 Pesos.
Verrückte Sammelobjekte, ein großzügiger Innenhof mit hohem Gummi-

Maya-Express

Ein Luxuszug steuert seit 2002 Chichen Itzá, Palenque und Campeche an. Nach Chichén Itzá bzw. zum Bahnhof Dzitas (mit Halt in Izamal) verkehrt der **Expreso Maya** zurzeit einmal wöchentlich von Médrida aus; nach Campeche (mit Halt in Uxmal) zweimal monatlich. Von Campeche nach Palenque geht es derzeit einmal im Monat. Die Touren (ab 120 US-$ pro Person) können bereits in Deutschland gebucht werden (Tel. 0 60 35/92 00 54) oder bei Expreso Maya in Mérida (Calle 1 F No. 310, Fracc. Campestre, Tel. 999 944 93 93, expresom@expresomaya.com.mx). Der deutsche Reiseveranstalter Dertour bietet darüber hinaus auch eine 6-tägige Kurzreise mit dem Maya-Express von Mérida nach Villahermosa an.

Baum und einer Karte, auf der sich Mexikanisches aufs Feinste mit Libanesischem und mit exquisiten Steaks paart.

Fluggesellschaften: Aerocaribe/Aerocozumel/Mexicana Inter: Paseo Montejo No. 500-B, Tel. 999 928 67 90;
Aeromexico: Paseo Montejo No. 451, Plaza Americana, Tel. 999 920 12 60;
Aviacsa: Calle 56 A No. 451/Ecke Av. Colón, Local 2 Plaza Americana, Hotel Fiesta Americana, Tel. 999 925 68 90;
Avianca: Av. Colón No. 508, Tel. 999 920 01 04;
Mexicana de Aviación: Paseo Montejo No. 493 zwischen Calle 43 und 45, Tel. 999 924 66 33;
Explora Premier (mit Verbindungen nach Chetumal, Cozumel und Cancún), Tel. 983 832 30 96.

Bus:
Terminal CAME: Calle 70 No. 555, Tel. 999 924 83 91 (1. Klasse): u. a. nach Cancún, Campeche, Celestún, Palenque, Valladolid, Playa del Carmen und Tulum.
Terminal Elite: Hotel Fiesta Americana, Tel. 999 925 99 10: nach Cancún.
2. Klasse-Terminal Calle 50 No. 531, Tel 999 924 75 65: u. a. nach Cancún, Izamal, Celestún, Acanceh, Ticul, Mama, Oxkkutzcab, Río Lagartos und Telchac.
Terminal Classe Economica: Calle 69 No. 544 zwischen Calle 68 und 70, Tel. 999 923 22 87, u. a. nach Uman, Muna, Cobá, Becal und Chichén Itzá.
Terminal de Autobuses a Progreso: Calle 62 No. 524 zwischen Calle 65 und 67 (San-Juan-Viertel), Tel. 999 928 39 65.
Taxi: Sitio de Taxis, 24 Std.-Tel. 999 928 53 22, 923 12 21; Funktaxi, Tel. 999 923 13 17, 999 923 40 46; Flughafentaxi, Tel. 999 946 15 29. Vom Busbahnhof Erster Klasse bis zur Plaza Mayor sind mit ca. 30 Pesos zu rechnen, eine Fahrt außerhalb des Stadtkerns kostet mindestens 50 Pesos, zum Flughafen ca. 80 Pesos. Der Stundenpreis pro Wagen liegt bei ca. 120 Pesos. Am Halteplatz vor dem Teatro Peón Contreras am Parque de la Maternidad sind die Tarife angeschrieben.
Sammeltaxi: Sitio de Combis, Calle 69 Parque San Juan: nach Dzibilchaltun, Club de Golf la Ceiba.
Mietwagen: Mietwagen Alamo, Av. Colón zwischen Calle 60 und Paseo Montejo 56-A, Hotel Hyatt und Flughafen, Tel. 999 942 12 26, 999 94 62 25; Mexico Rent a Car, Calle 57 A Depto 12, Tel. 999 923 36 37; Thrifty, Calle 55 No. 508, Tel. 999 923 20 40; Eurocar, Calle 56-A No. 451 zwischen Av. Colón und Cupules, Tel. 999 925 35 48; Executive Car Rental, Calle 60 No. 486 zwischen Calle 55 und 57 und Airport, Tel. 999 923 37 32, 999 946 13 87.

Ziele in der Umgebung

Royal Highway (B/C 3/4): Noch aus der Kolonialzeit stammt diese Straßenverbindung nach Campeche (Mex 280). An ihr bzw. in ihrer unmittelbaren Nähe liegen zahlreiche typische Maya-Dörfer und Kolonialorte, die für ihre *artesanía* bekannt sind. In **Becal** z. B. flechten die Einwohner in feuchten Erdhöhlen aus den feinen Fasern der Jipih-Palme die berühmten Panamahüte, in **Nunkiní** stellen viele Bewohner Keramik und Tonwaren her; schöne (Maschinen)-Stickereien kommen u. a. aus **Tenabo, Hecelchacán** und **Calkini.** Als Zentren der Hängematten-Produktion gelten **Santa Cruz** und **Concepción.** Das Brot von **Pomuch** ist so berühmt, dass dort jährlich am 31. Okt./1. Nov. eine ›Brotmesse‹ stattfindet.

Playa del Carmen (J 3)

Keine andere mexikanische Stadt ist in den vergangenen Jahren so schnell gewachsen wie Playa del Carmen. Und noch ist kein Ende des touristischen Ausbaus in Sicht; ja man spricht sogar von einer gänzlich neuen Stadt jenseits der Autobahn, größer noch als Cancún, die bis zum Jahr 2009 entstehen soll. Ende der 1970er/Anfang der 80er Jahre lebten in der inzwischen größten Siedlung der Riviera Maya und nach Cancún zweitwichtigsten Urlaubsdestination des Bundesstaates Quintana Roo nur etwa 250 Leute. Die fünf Fischerfamilien benutzten noch ihre hölzernen Segelboote, es gab kein fließendes Wasser, keinen Strom.

1994 war aus dem pittoresken Küstendorf bereits ein großes Ferien-Städtchen geworden. Dennoch konnte das inzwischen mehr als 25 000 Einwohner zählende Playa del Carmen einiges von

Am Strand von Playa del Carmen

Spa-Wellness nach Maya-Art

Eine Kombination aus alten Mayaheilmitteln, ganzheitlichem Wohlbefinden und modernem Komfort bietet das **Itza Natural Spa.** Behandelt wird auf der Basis von Wildpflanzen, dazu gibt es eine Sauerstoffbar und die klassischen Anwendungen (5. Av. Norte/Ecke Calle 14, Tel. 984 803 25 88, itzaspa @yahoo.com).

seinem ursprünglichen Charme bewahren, denn noch immer wohnen im quirligen Zentrum einheimische Familien mit Truthähnen im Garten und Hängematten im Patio. Im Süden, nur wenige Minuten von der Quinta Avenida entfernt, geht das ›alte‹ Playa inzwischen über in das luxuriöse Playacar: eine neue, exklusive Touristenzone inmitten eines tropischen Parks.

In der Maya-Zeit war Xaman-Ha, das ›Wasser des Nordens‹, Ausgangspunkt für die Pilgerfahrt nach Cozumel. Bevor sich die Reisenden aufmachten, um dort die Göttin Ixchel zu verehren, bereiteten sie sich in der Küstenstadt mit einem Reinigungsbad *(temascal)* auf den Inselaufenthalt vor.

Sehenswert

Playas Attraktion ist das Städtchen selbst, vor allem die abends gänzlich als Fußgängerzone abgesperrte, bis zum Fährhafen reichende, inzwischen kräftig auch nach Norden von Bars, Restaurants und Läden gesäumte **Quinta Avenida.** Mädchen und Frauen, die ihren Geschlechtsgenossinnen gegen ein paar Pesos buntgeschmückte Zöpfchen flechten, schlagen nach dem Strandtag an der mexikanischen ›Fifth Avenue‹ ihre Stände auf, Straßenmaler sprayen leuchtende Gemälde auf Posterkartons, Mariachi-Gruppen und andere Live-Musiker begleiten die ausgelassene Stimmenmelodie.

Ein etwas anderes Flair vermittelt der Bummel auf der **Avenida Juárez** bis zum Ende der Avenida 30. Ruhiger, authentischer lebt Playa in diesen strandfernen Straßenzügen. Vom einstigen Glanz der Maya-Stätte blieben in der Stadt wenige Spuren. Rund hundert kleine archäologische Fundstätten sind bekannt. Man findet die **Ruinas Xaman-Ha** vorwiegend auf dem Gebiet von Playacar. Die **Kavernen von Sacbé** (Cavernas Chaak-Tum) zählen zu den schönsten Höhlen der Halbinsel, ein Refugium aus Stalaktiten und Stalagmiten, in dem man schwimmen und schnorcheln kann.

Sport & Strände

Baden: Weißer, weicher Sand nur zwei Minuten von der Quinta Avenida entfernt, mit reichlich Kneipen und Hotels. Im Norden der Stadt liegen lange, nur spärlich mit Infrastruktur ausgestattete Strände. Trotz touristischer Nutzung zählen die weiten Strände Playa del Secreto und Playa Paraíso sowie die Bucht von Pamul noch immer zu den bevorzugten Plätzen von Meeresschildkröten. Gleiches gilt für Xcacel im Süden. Für die Erhaltung und Betreuung dieser Tiere wurde dort eine Farm gegründet.

Nahe einem Riff liegt der von Palmen beschattete Strand von Kantenah. Die beliebte, von Buschwald umgebene Bucht von Chemuyil (H 4) lockt mit weichem weißen Sand. Zwischen Punta Maroma und Punta Bete verlässt ein kalter, klarer Süßwasserlauf sein unterirdisches Bett und ergießt sich ins Meer. Die Vermischung der beiden Wasser ließ ein artenreiches Ökosystem entstehen.

Xcalacoco ist noch immer ein Paradies für Camper. Um eine kleine archäologische Fundstätte reihen sich hier Fischkneipen unter Palmen; es eröffnete in dem Dschungelstreifen zwischen Autobahn und Meer aber auch ein Luxusresort mit 30 Villen im Palapastil.

Tauchen/Schnorcheln: Für Taucher und Schnorchler liegt zwischen Playa del Carmen und Isla de Cozumel ein wahres Paradies mit Korallenriffen und versenkten Attraktionen; im Hinterland warten atemberaubende *cenotes*.
Scuba Tarraya (Club Naútico Tarraya), Calle 2 Norte, Orilla de Playa No.101 und 103, Tel. 984 873 20 40;
Studio Blue, Calle 1 zwischen Quinta Av. und Strand, Tel. 984 873 10 88;
Sealife Divers, Mamitas Beach, www.sealifedivers.com;
Explora Dive, Tukan-Strand, Calle 28, Tel. 984 879 71 51, www.exploradive.com (auch wakeboarden, Wasserski, Kitesurfing, Segeln und Kajak).
Golf: Golf Xaman-Hás Playacar, Paseo Xaman-Há No. 26, Tel./Fax 984 873 06 24, golf&mar@sidek.com.mx.
Der 18-Loch-Platz zählt zu den top of the world.
Vierradmotos: ATV Explorer, Tel. 984 873 16 26, Touren kosten ca. 500 Pesos pro Person, bei Doppelsitzerbelegung pro Person ca. 400 Pesos.
Wie kleine Traktoren sehen diese Motorräder aus, mit denen man in geführten 2-Std.-Touren den Dschungel erkunden kann.
Rapelling: Alltournative, Av. 38 zwischen Av. 1 und Av. 5, Tel. 984 873 20 36, 984 873 27 15. Dschungel-Ausflüge mit Rapelling und Seilgleiten.
Fallschirmspringen: Skydive, Plaza Marina Loc. 32, Tel. 984 873 01 92, www.skydive.com.mx.
Himmelsmoped: Alas, Tel. 984 803 37 18, Abflug auf der Piste Nähe Xcaret Park,. 25 Min. 1100 Pesos.
Motorrad: Harley Davidson Tours, Tel. 984 873 16 25, bieten für erfahrene Fahrer organisierte Ausflüge u. a. nach Cobá und auf die Isla Mujeres an. Im Preis inbegriffen sind Helm, Schutzbrille, Schnorchelausrüstung, alle Eintrittsgelder und Lunch.

Einkaufen

Die ganze **Quinta Avenida** ist Shopping-Meile – mit Boutiquen, Schmuck- und *artesanía*-Läden, T-Shirt-Shops und Straßenständen, an denen Silberschmuck und allerlei Flitterkram angeboten wird. Etwas ruhiger geht es zu im **Plaza Antigua,** einem neuen Einkaufs- und Bürozentrum zwischen Playa und Playacar. Das Angebot der Geschäfte reicht von Keramik bis zur Designer-Mode.
Etenoha:
Quinta Avenida zwischen Calle 8 und 10 Norte.
Schmuck aus Obsidian, Amber und Silber.
Mayan Arts Gallery:
Quinta Avenida zwischen Calle 6 und 8.
Kunsthandwerk und andere Souvenirs.
La Tequilería: Quinta Avenida Norte s/n zwischen Calle 4 und 6.
Mehr als 100 Sorten Tequila, die man in der kleinen Straßenbar auch verkosten kann.
Tabaqueria Casa Partagas:
Quinta Avenida, zwischen Calle 2 und 4.

Echte kubanische Zigarren zu günstigen Preisen. Humidor.

Ausgehen

Ula Gula Bar:
Quinta Avenida/Ecke Calle 10,
tgl. 22–1 Uhr.
Die hippste und neueste Bar in town.

La Rana Cansada:
Calle 10 Norte zwischen
Quinta Avenida und Av. 10,
tgl. ab 21 Uhr.
Relaxtes Ambiente, coole Menschen.

Blue Parrot:
am Strand zwischen Calle 12
und 14, tgl. ab 19 Uhr.
Einheimische, Zugewanderte und eingeweihte Gäste beginnen im ›Blauen Papagei‹ ihre lange Nacht.

Capitán Tutix:
Calle 4 Norte,
tgl. ab 19 Uhr.
Beim ›Kapitän‹ trifft sich spätabends ganz Playa – nach diversen Drinks im Blue Parrot. Live-Musik.

Kuba 4ta:
Zwischen Calle 4 und Calle 6
am Strand, tgl. 18–2 Uhr.
Für alle, die nach Mitternacht noch Trance-Musik brauchen.

Feste & Unterhaltung

Latin Jazz-Festival (Mitte Nov.):
Info-Tel. 1800 502 20 00.
Lokale Musiker wie auch nationale Jazzgrößen und internationale Gruppen spielen in verschiedenen Restaurants und Hotels in Playa sowie im Stadtpark.

Turismo Riviera Maya:
Plaza Antigua, Local S 9,
77710 Playa del Carmen,
Tel./Fax 984 873 00 03,
www.mayanriviera.com.

Tourismo Playa del Carmen:
Av. Juarez (direkt neben der Post),
Tel. 984 873 10 01,
www.playadelcarmen.com.
An dem kleinen **Info-Kiosk** auf der Quinta Avenida gibt es u. a. kostenlose Stadtpläne und die kostenlose Monats-Broschüre ›Playa del Carmen‹. Sie berichtet über neue Kneipen, umfasst Bus- und Fährfahrpläne, die Adressen von Arztpraxen und andere nützliche Informationen.

Luxushotels wie das RIU Palace, das Royal Hideway Ressort & Spa und andere (all-inclusive) Anlagen internationaler Ketten konzentrieren sich in Playacar; man bucht sie am günstigsten über die Veranstalterkataloge. Playa del Carmen selbst verfügt über eine Vielzahl kleinerer Hotels und Pensionen.

Jabines:
Calle 8 No. 170,
Tel. 984 873 08 61,
DZ ab 250 Pesos.
Schlichte Stadtpension mit grünem Innenhof, nur Zimmer mit Dusche, aber TV und Ventilator.

Posada Sian Ka'an:
Calle 2 Norte/Ecke Quinta Avenida,
Tel./Fax 984 873 02 02,
www.labnah.com, DZ ab 350 Pesos.
16 schlichte, z.T. große Zimmer um einen tropischen Garten in der Fußgängerzone des alten Playa, nur zwei Minuten vom Strand.

Blue Parrot Inn:
Calle 12/Ecke Zona Maritima,
Tel. 984 873 00 83,
Fax 984 873 00 49,
www.blueparrot.com,
DZ ab 470 Pesos.
Von der einfachen Strandhütte bis zum Deluxe-Studios gibt es hier alles, freundlicher Service.

Alhambra:
Calle 8 Norte/Ecke Zona

Maritima (direkt am Strand),
Tel. 984 873 07 35,
Fax 984 803 05 03,
www.alhambra-hotel.net,
DZ ab 770 Pesos.
Gepflegtes 22 Zimmer-Haus unter französisch-mexikanischer Leitung mit herrlicher Dachterrasse und Yogaraum, verschiedene Massageangebote; gutes Restaurant.

Mayan Paradise:
Av. 10 Norte zwischen Calle 10 und 12,
Tel. 984 873 20 16,
Fax 984 873 20 15,
mayapan@prodigy.net.mx,
DZ ab 1300 Pesos.
Üppig begrünte kleine Anlage mit doppelstöckigen *Palapas* um einen Poolgarten. Zimmer mit Kitchenette.

Deseo:
Quinta Avenida/Ecke Calle 12,
Tel. 984 879 36 20,
Fax 984 879 36 21,
www.hoteldeseo.com,
DZ ab 1350 Pesos.
Design-Hotel in der Fußgängerzone. Zimmer zum Innenhof recht laut, minimalistische Ausstattung, witzige Details.

Außerhalb:

Ikal del Mar:
Playa Xcalococo,
Tel. 984 877 30 00,
Fax 984 877 30 09,
www.ikaldelmar.com,
Villen ab 4000 Pesos.
Luxuriös-romantische Villenanlage im Palapa-Stil mitten im Dschungel. Mayan-Spa; Temazcal (s. S. 31), kleiner, felsiger Strand. Gehört zu den Small-Luxury-Hotels of the world.

The Coffee Press:
Calle 5/2 (gegenüber vom Hotel Sian Ka'an), kein Tel.,
tgl. 8–22 Uhr,
gemischter Salat 45 Pesos.
Guter Kaffee in vielen Varianten, *Liquados,* Salate, Crepes und hausgemachte Kuchen.

Carmencita:
Quinta Avenida/Ecke Calle 20 Norte,
Tel. 984 803 36 49,
tgl. 8–24 Uhr, Pizza ab 50 Pesos,
Huhn ›Malazzo‹ 90 Pesos.
Modern designtes Bistro mit Nudelgerichten, *Empanadas,* Salaten, Pizza und Sandwichs.

Club Nautico Tarraya:
Calle 2 Norte kurz vor dem Strand,
Tel. 984 873 20 40,
Hauptgerichte ab 55 Pesos.
Einzig verbliebenes Fischrestaurant direkt am Strand. Rustikales Ambiente mit viel Holz und Plastikstühlen. Freundlicher Service.

La Parilla:
Quinta Avenida/Ecke Calle 8,
Tel. 984 873 06 87, tgl. 12–1 Uhr,
Hauptgerichte ab 65 Pesos.
Steaks und Seafood vom Grill, mexikanische Gerichte.

Yaxche:
Calle 8 zwischen Av. 10 und Av. 5,
Tel. 984 873 25 02,
Hauptgerichte ab 70 Pesos.

Preiswert essen

Preisgünstige kleine Lokale liegen in Playa del Carmen an der Av. 15, nur zwei Blocks von der berühmten Quinta Avenida entfernt. Besonders dicht ist das Angebot zwischen der Av. Juarez und Calle 8. Neben geldbeutelschonenden (vorwiegend mexikanischen) Gerichten werden hier übrigens auch billige Reisetaschen und Koffer angeboten.

Maya-Spezialitäten wie *tamales* mit Kürbissamen, Shrimps und Huhn und Fisch mit verschiedenen *salsas*. Hübscher Kiesgarten.

Blue Lobster:
Quinta Avenida No. 217,
Tel. 984 873 13 60, tgl. 8–23 Uhr,
Hauptgerichte ab 75 Pesos.
Meeresfrüchte und Fisch in allen Varianten, aber auch Frühstück.

Byblos:
Calle 14 Norte zwischen
Quinta Avenida und Av. 10,
Tel. 984 803 17 90,
Mo–Sa 18–1 Uhr,
Hauptgerichte ab 80 Pesos.
Klassische französische Küche von Schnecken bis Fois Gras; Weinbar.

Bus: Abfahrt vom Busbahnhof Av. Juárez/Quinta Avenida, Tel. 984 873 01 09, alle 20 Min. nach Cancún, stdl. zum Airport (65 Pesos); mehrmals tgl. nach Chetumal, Carrillo Puerto, Tulum, Mérida und Cobá. Ein zweiter, neuer Busbahnhof liegt an der Av. 20/Ecke Calle 12, Tel. 984 803 09 44; u. a. Verbindungen nach Mexiko City.

Fähre: Nach Cozumel 14 x tgl. 5–23 Uhr, pro Person 160 Pesos (hin & zurück), Kinder die Hälfte, Tel. 984 872 15 08, 984 872 15 88. Im Fährhafen Calica, ca. 10 km südlich der Stadt, legen die internationalen Kreuzfahrtschiffe und die Autofähre nach Cozumel an. Die beiden Terminals, ein nationales und ein internationales, verfügen über alle gängigen Einrichtungen wie Taxis, Restaurants, Cafeterías, Telefone und öffentliche Toiletten.

Mietwagen: Alamo, Av. Juarez/Ecke Calle 10, Local No. 4, Tel. 984 873 11 18; Executive, Quinta Avenida zwischen Juárez und Calle 2 Norte, Tel. 984 873 34 33; Playa Car Rental, Plaza Marina, Loc. 23, Tel. 984 873 02 40.

Taxi: Tel. 984 873 04 14, 984 873 00 32, Preise ca. 13 Pesos innerhalb der City, außerhalb 15 Pesos, Hotelzone (Playacar) 40 Pesos.

Sammeltaxis: Av. Juárez (an der Seite des Busbahnhofs). Günstige, aber langsame Verbindungen in die Umgebung sowie bis nach Cancún (30 Pesos). Das Fahrziel wird aufgerufen.

Ziele in der Umgebung

Akumal (Ort der Schildkröten, H/J 4): Inzwischen machen Touristen den Meeresbewohnern jedoch kräftig Konkurrenz, ein gutes Dutzend Restaurants und fast doppelt so viele Hotels haben sich auf sie eingestellt. Ein ökologisches Forschungs- und Kommunikations-Zentrum (Ukuna 1) bietet neben Umweltseminaren auch Kurse in Yoga, Malerei und Tanz an (Centro Ecológico Akumal, Information Center, Tel. 984 875 90 95, www.ceakumal.org).

Highlight 8

Höhlen von Aktun-Chen (H 3):
Carretera Cancún–Tulum,
km 107, Tel. 984 850 41 90,
www.aktunchen.com,
tgl. 9–17, im Sommer 9–19 Uhr,
180 Pesos pro Person inkl. Führung,
Kinder von 6–12 Jahren 100 Pesos.
Die Grutas – insgesamt sind es drei, aber nur die größte ist zu besichtigen – liegen in einem nahezu unberührten Regenwaldgebiet. Sie bieten einen faszinierenden Einblick in die jahrtausendealte Unterwelt Yucatáns – sowie die Begegnung mit Affen, wilden Pfauen, Hirschen und Fasanen. Die Hauptgrotte ist einfach zu begehen, sie wurde mit indirekter Beleuchtung ausgestattet, so dass die unzähligen Stalaktiten und -miten und natürlichen Skulpturen

Freizeitpark Xcaret: Wie wär es mit pelota à la Maya?

schön zu sehen sind. Man geht etwa 600 m, dann kommt man zu einem *cenote* (12 m tief), am Ende gibt es noch mal ein schönes Gewölbe. Die Besichtigung dauert etwa 100 Minuten, es gibt auf dem Gelände auch ein kleines Restaurant.

Xcaret (J 3): Mit mehr als tausend Jahren Geschichte zählt Xcaret, der ›kleine Meeresarm‹, zu den wichtigsten Maya-Stätten an der Küste von Quintana Roo. Xcaret erblühte vor allem während der postklassischen Periode (1400 n. Chr.). Pilger aus allen Teilen des Landes trafen sich hier vor ihrer Wallfahrt nach Cozumel. Zu Xcaret gehörte auch eine Mine, in der die Maya *sascab* abbauten, eine weiße, feine Erde, die sie zum Tempel- und Straßenbau nutzten. Noch bis zur Ankunft der Spanier war Xcaret außerdem ein intensiv genutzter Handelshafen.

Inzwischen entstand an der tief ins Land greifenden, von zwei unterirdischen Flüssen durchzogenen Lagune von Xcaret ein riesiger **Freizeitpark.** Um drei archäologische Zonen gruppieren sich auf dem Parkgelände die Jaguar-Insel, das Delfin-Becken, ein Schildkröten-Teich und die Replik eines Maya-Dorfes, das abends in einem fantasievollen Spektakel zum Leben erwacht. Im botanischen Garten wurde ein kleines Camp zum Thema Gummigewinnung *(chicle)* nachgebaut. Auch ein kleines Museum gehört zum Xcaret-Park (Tel. 998 881 24 00, www.xcaret-cancun.com, tgl. 8.30–22 Uhr, Eintritt 550 Pesos, Kinder 5–11 Jahre 275 Pesos. Eigene kostenpflichtige Busse, bunt bemalt, pendeln zwischen dem Freizeitpark und Cancún bzw. Playa del Carmen.

Freitzeitpark Tres Ríos (J 3):
Tel. 984 887 80 77,
www.tres-rios.com, tgl. 9–17 Uhr,
Eintritt 375 Pesos, Kinder 5–11 Jahre 220 Pesos; all-inclusive 750 Pesos (Kinder 350 Pesos).

Mehrere Wasseradern durchziehen ein Selva- und Mangroven-Gebiet. Im Río Selva kann man schnorcheln und schwimmen, auf dem Río Pacharos und im Estuario Las Garzas Kajak fahren und paddeln. Am feinsandigen weißen Strand ist auch Reiten möglich.

Progreso (C/D 1/2)

Nur knapp 30 Autominuten nördlich von Mérida liegt Progreso, der wichtigste Hafen Yucatáns. Das Wachstum dieses Städtchens hat die Integration mit den benachbarten Küstenorten Chuburna, Chelem und Chicxulub gefördert. Sie sind ein beliebtes Wochenend- und Sommerziel vor allem der Bewohner von Mérida. Früher kamen sie nur in den heißen Monaten Juli/August in Scharen sowie während der Osterwochen. Inzwischen jedoch ist Progreso zu einer Ganzjahresdestination geworden – vor allem für viele Amerikaner und Kanadier. Die Strände der Costa Esmeralda können zwar mit jenen der Karibikküste nicht konkurrieren, dennoch lässt sich hier gut ein Tag verbummeln. Hinter dem Rücken der Statue von Juan Miguel Castro, der 1871 die heute rund 45 000 Bewohner zählende Hafenstadt gründete, erstreckt sich der 6 km ins Meer ragende Brückenkai und das neue Kreuzfahrtterminal. Westlich der Mole öffnet sich die Lagune Yucalpetén mit fünf Marinas und einem Vogelschutzgebiet.

Sport & Strände

Baden: Zwei feinsandige Strände mit sachtem Wellengang sind z. B. Chelem and Yucalpetén; in der Nähe liegen auch das Alacranes-Riff und die Isla Perez.

Segeln,Surfen, Kajak, Hochseeangeln:
Silcer, nahe der Tankstelle von Chicxulub, Tel. 969 947 67 67, pedros@sureste.com.
Segelschule, Kajakverleih und Trips zum Hochseeangeln.

Einkaufen

La Plaza del Recreo:
Calle 80 No. 122, Local 2.
Schöne Auswahl von mexikanischem Kunsthandwerk.

Touristeninformation:
Calle 82/25 (nähe Kreuzfahrtmole), 97320 Progreso.

Hotel Colonial:
Calle 33 No. 151 zwischen Calle 82 und 84, Tel. 969 932 20 21, 935 20 14, DZ ab 300 Pesos.
Einfaches Stadthotel in der Nähe von Park und Busbahnhof.

Casa Quixote B & B:
Calle 23 No. 64 zwischen Calle 48 und 50, Tel./Fax 969 935 29 09, www.casaquixote.com, DZ ab 400 Pesos.
Von einem amerikanischen Ehepaar geführte Anlage mit ganz unterschiedlichen Zimmern, Suiten und einem kleinen Häuschen.

Margarita's Ville:
Chicxulub, Tel. 999 944 14 34, DZ ab 450 Pesos inkl. Frühstück.
Elegantes, ruhiges B & B mit eigenem Strandzugang. Nur für Gäste ohne Kinder (unter 17 Jahren).

Sian Ka'an:
Carretera Yucalpetén–Chelem, Puerto Yucalpetén, Tel./Fax 969 935 40 17, www.hotelsiankaan.com, DZ ab 600 Pesos.
Intimes Strandhotel und Beachclub. Neun hübsche Suiten, Pool, Bar und Restaurant.

El Cordobés:
Calle 80/Ecke Calle 31, gegenüber dem Zócalo, Tel. 969 935 22 61, tgl. 6–23 Uhr, Hauptspeisen ab 45 Pesos.

Schöne alte Kneipe mit historischen Fotos im Stadtzentrum. Verschiedene Fischspezialitäten wie *sopa de camarón, abejado* und *cherna*. Gute Obstmilchmixe.

Capitán Marisco:
Av. Malecón No. 136,
Tel. 969 935 06 39, tgl. 11–22 Uhr,
Hauptgerichte ab 65 Pesos.
Traditionelles Fischrestaurant mit Strandblick. Neben Lobster, Shrimps und anderem Seafood auch stets gute, frische Fleischgerichte.

Costa Azul:
an der Straße nach
Chelem, Tel. 969 935 40 87,
tgl. 12–22 Uhr, Hauptgerichte
ab 70 Pesos.
Besonders stolz ist der Koch auf seinen gratinierten Merlin und den Thunfisch in Knoblauchsauce. Auch internationale Küche.

Le Saint Bonnet:
Av. Malecón (Calle 19) No. 150,
Tel. 969 935 22 99,
tgl. 8–14 Uhr, Fr–So auch abends,
Hauptgerichte ab 75 Pesos.
Feines mit Meerblick unter'm Palapadach – von Fisch bis Geflügel.

Busse Mehrmals tgl. von/nach Mérida, Abfahrt Calle 29.

Ziele in der Umgebung

Telchac Puerto (D 1): Von Progreso bis in das charmante Küstendorf mit kleinen Fischkneipen (gute *Ceviche*) reihen sich längs der Küste farbenfroh zahlreiche Privatvillen und kleinere Apartmenthäuser am Strand, zwischen denen man immer wieder zum Meer gelangt. Kurz hinter Uaymitún kann man auf einen neuen Aussichtsturm klettern und erhält kostenlos Ferngläser, um in der Lagune Flamingos zu beobachten.

Leise Mangroven-Fahrt

In San Crisanto bei Telchac-Puerto lassen sich sehr schön die Mangroven erkunden: an Bord flacher Holzboote, die mit einer Stange vorwärts gestakt werden. Kein Motorgeräusch stört das Vogelgezwitscher. Die Tour dauert ca. zwei Stunden, kostet rund 30 Pesos pro Person und sollte am besten am frühen Vormittag unternommen werden (Tickets am Strand).

X'Tampu (D/E 1): Mit der Restaurierung der Maya-Stätte bei San Bruno wurde erst vor kurzem begonnen. Aus den Steinen bauten die Bauern der Umgebung lange Zeit ihre Zäune, Häuser und Kirchen. Auch auf dem Ruinen-Gelände selbst steht eine Kirche.

X'cambo (D 1): X'cambo war einst ein Salz- und Salzfischhandelszentrum, das Chichén Itzá, Uxmal und Izamal versorgte.

Puerto Morelos (J 2/3)

Geruhsam geht es meist noch zu in dem Küstendorf, das in seinem überschaubaren Straßengitter (vier Schneisen parallel zum Meer, knapp zwölf landeinwärts) trotz aufstrebendem Tourismus nach wie vor den Charme vergangener Zeiten verströmt. Die Hauptklientel des Ortes sind Sporttaucher, die es zu dem nur 500 m vor der Küste liegenden Korallenriff zieht. Es zählt zu den besten Unterwasserrevieren der mexikanischen Karibik. An den Strandabschnitten im Süden und Norden des Ortes haben sich inzwischen auch Luxushotels, z. T. mit Spa- und Thalasso-Angebot angesiedelt.

Sehenswert

Botanischer Garten
(Jardín Botánico Dr. Alfredo Barrera Marin): tgl. 9–17 Uhr.
Mit 60 ha der größte botanische Garten Mexikos. Alle prächtigen Harthölzer Mesoamerikas wachsen hier, auch der *chicozapote*, aus dem Gummi gewonnen wird. Außerdem umfasst der Garten eine Kollektion wilder Orchideen, medizinischer Kräuter, einen Kakteenwald und andere Sukkulenten, ein *chiclero camp* (also ein Camp der Gummiarbeiter) und Beipiele für authentische Maya-Wohnbauten (*palapas*).

Krokodilfarm Crococún:
im landwärts gelegenen Ortsteil jenseits der Schnellstraße, tgl. 9–18 Uhr, Eintritt 45 Pesos.
Krokodilzuchtstation (es gibt dort ca. 300 Exemplare) und kleiner Zoo mit Jaguar, Affen, Wild und anderen Spezies aus der Region. Tropische Gewächse und regionale Pflanzenwelt.

Sport & Strände

Baden: Feinsandige Strände ziehen sich auch hier kilometerweit – und alle sind öffentlich, auch wenn sich Hotels an ihren breit gemacht haben.

Radfahren: Bike-Verleih bei Marand Travel, Av. Tulum/Ecke Javier; Rojo Gómez, Plaza Marino Local 6, Tel./Fax 998 871 03 32.

Dschungeltrip: Goyos, Av. Rojo Gómez, Tel. 998 871 01 79, Fax 998 871 01 78, goyosjungle@excite.com.
Tagestrips in ein Dorf, in dem Gummi *(chicle)* gewonnen wird. Dazu Schwimmen im *cenote* und Lunch auf der Ranch einer Maya-Familie (400 Pesos/Person). Sechsstündiger Dschungelausflug mit Einweisung in medizinische Pflanzen, Macheten-Handhabung und Weg zu einer noch nicht erforschten Maya-Stätte (80 US-$, inkl. Lunch). Gute Kondition erforderlich, nur Erwachsene.

Hotel Inglaterra:
Av. Niños Héroes No. 29, Tel./Fax 998 871 04 18, michael@hotelinglaterra._freeserve.co.uk, DZ ab 220 Pesos.
Zum *zócalo* wie zum Meer sind es nur wenige Minuten von diesem Stadthotel mit schlichten Zimmern und netten Junior-Suiten.

Casita del Mar:
Calle Heriberto Frías, direkt am Strand, Tel. 998 871 03 01, DZ ab 450 Pesos.
19 Zimmer am Saum der Wellen mit gutem Restaurant.

Paraiso de la Bonita Resort & Thalasso:
Carretera Cancún–Chetumal, km 328 (vor dem Ortseingang von Puerto Morelos), Bahia Petenpich, Tel. 988 872 83 00, Fax 988 872 83 01, www.labonitaresort.com, Suiten ab 5500 Pesos.
Elegante Anlage im mexikanischen Stil, alle 90 Suiten mit eigenem Pool bzw. großer Terrasse. Gourmetrestaurant. Massagen, Schönheits- und Hydrotherapieanwendungen.

Xtabay:
V. Hereos Costera Norte, Tel. 998 872 80 60, tgl. 18–24 Uhr, Hauptgerichte ab 55 Pesos.
Mediterranes in eher schlichtem Rahmen.

El Viejo Pescador:
R. E. Melgar No. 626, Tel. 998 871 02 96,

tgl. 17–23 Uhr,
Hauptgerichte ab 60 Pesos.
Im Gegensatz zum Namensgeber sind Fisch und Meeresfrüchte durchaus frisch.
Marina Pelicano's:
R. E. Melgar,
Tel. 998 871 00 14, tgl. 10–22 Uhr,
Hauptgerichte ab 75 Pesos.
Spezialisiert auf Seafood.

Bus: Mehrfach tgl. Verbindungen von Cancún, zum Teil aber nur bis zur knapp 3 km entfernten Hauptstraße.
Mietwagen: Marand Travel, Av. Tulum/ Ecke Javier Rojo Gómez, Plaza Marino Local 6, Tel./Fax 998 871 03 32, 998 871 01 62.
Fähre: Autofähre nach Cozumel, Abfahrtszeiten um 5, 10.30 und 16 Uhr, Infos unter Tel. 998 871 00 08.

Highlight 9

Río Lagartos (G 1)

Der Skulpturen-Brunnen an der Bus-Endhaltestelle stimmt bereits auf die Attraktion dieses Fischerörtchens ein: die große Flamingo-Kolonie. Außer Scharen dieser roséfarbenen Vögel leben in dem 1979 zum Nationalpark erklärten Lagunen-Gebiet, in dem man auch die Meersalzgewinnung beobachten kann, noch mehr als 300 andere Vogelarten sowie 50 Säugetierarten und annähernd 100 Reptilien-Spezies. Kaum hat man als Fremder seinen Fuß in das Dorf gesetzt, nähern sich Einheimische und bieten Ausflüge zu den Flamingos an. Im Hafen schaukeln die überdachten Boote eines ›offiziellen‹ Veranstalters. Man sollte unbedingt Ausflugsdauer und -Preise vergleichen.

Las Colorades

Etwa 16 km östlich des Ortes Río Lagartos, hinter dem Dorf Las Colorades, nisten die meisten Flamingos. Man kann den kleinen Ort entweder mit dem Auto oder dem Boot erreichen. Wenn Sie mit dem Boot kommen, verzichten Sie auf jeden Fall darauf, für ein Fotomotiv die Flamingos von ihrem Führer aufscheuchen zu lassen!

Sport & Strände

Baden: Mehr als 70 km nahezu unberührte Sandstrände säumen die Küste im Gebiet des Naturparks Río Lagartos und des benachbarten Parque Natural San Felipe – ideal zum Schwimmen und Schnorcheln.
Ausflugstouren:
Río Lagartos Expeditions:
Calle 19 No. 110 A,
Tel. 986 862 01 09.
Eduardo Jesús Loria Cordero und seine geschulten Guide-Kollegen bieten außer ausführlichen Bootstouren zu den Flamingo-Kolonien auch Trekking in den Mangroven-Dschungel und Nachtfahrten per Boot an – mitunter mit einem kleinen Krokodil als zeitweiligem Passagier.
Río Lagartos Ecotours:
Calle 19 No. 134,
Tel. 986 862 02 02, 986 862 00 00,
www.riolagartosecotours.com.
Diego Antonio Nunez Martinez bietet ähnliche Programme wie Eduardo an, zudem Cenote-Ausflüge.

Cabañas dos Hermanos:
Tel. 986 862 01 28,
DZ ab 110 Pesos.
Einfache Strand-Häuschen für zwei bis drei Gäste mit eigenem Bad und Pay-TV.

Posada Leydi:
Calle 14, Tel. 986 862 00 05,
DZ ab 130 Pesos.
Einfaches, sauberes Haus am westlichen Dorfrand.
Hotel Villa de Pescadores:
Malecón, Tel. 986 862 00 20,
DZ ab 250 Pesos.
Kleines Haus mit angenehmer Atmosphäre.
Hotel Felipe de Jesus:
(in San Felipe), Calle 9 zwischen
Calle 14 und 16,
Tel. 986 862 20 27,
Fax 986 862 20 36,
sanfelipe@prodigy.net.mx.
16 schlichte, aber nette Zimmer im ruhigeren Nachbardorf; gutes Seafoodrestaurant.
Villa del Cuyo:
Tel. 998 880 92 92,
Wochenpreis ab 540 US-$.
Zwei-Zimmer-Strandhaus für max. 6 Personen im Río-Lagartos-Nationalpark.

Isla Contoy:
Calle 19 No. 134,
Tel. 968 862 00 00,
Hauptgerichte ab 50 Pesos.
Jorge Nuñez Coronado und seine Familie tischen in ihrer schlichten, offenen Kneipe am kleinen Bootsanleger vorzüglichen frischen Fisch und Meeresfrüchte auf. Köstlich ist auch die Rochen-Paste.
El Vaselina:
in San Felipe, kein Tel.,
Hauptgerichte ab 35 Pesos.
Strandrestaurant mit frischem Fisch und guten Meeresfrüchte.

Bus: Mehrmals tgl. Verbindungen von/nach Valladolid mit Umsteigen in Tizimín. Relativ langer Zwischenaufenthalt.

Ticul (D 4)

›Perle des Südens‹ trägt das ruhige Städtchen als Beinamen. In seinen im Gittermuster angelegten schmalen Straßen, durch die Scharen von Dreirad-Taxis zockeln, bilden Kolonialarchitektur, moderne, farbenfroh getünchte Wohn- und Geschäftsbauten sowie die typischen, palmstrohgedeckten Maya-Häuser eine charmante Symbiose. An mancher Kreuzung sowie auf dem weiten Platz vor der Kathedrale weisen Vasen und Skulpturen aus rötlichem Ton auf eine der Haupterwerbsquellen von Ticul hin: die Töpferei. An zahlreichen Fassaden der 20 000 Bewohner zählenden Stadt prangt der Schriftzug *Zapatero*. Die Schuster sind bekannt für ihre feinen, meist in Heimarbeit entstehenden Leder-Schuh-Kreationen.

Hotel Real de Ticul:
Calle 23 No. 291,
Tel. 997 972 13 68, 997 972 01 18,
hrticul@hotmail.com,
DZ ab 200 Pesos.
Hübsches, einfach ausgestattetes 20-Zimmer-Haus am Ortseingang mit Restaurant und Bar.
Plaza Yucatan:
Calle 23 No. 202,
Tel. 997 972 04 84, 997 972 00 77,
www.hotelplazayucatan.com,
DZ ab 260 Pesos.
30 schlichte, aber saubere Zimmer in günstiger Lage.

Restaurant Colorín:
Calle 26 No. 199,
kein Tel., tgl. 7–22 Uhr,
Hauptgerichte ab 35 Pesos.
Einfache mexikanische Gerichte nach Hausfrauenart.
Los Almendros:
Av. Principal,

Tel. 997 972 00 21,
tgl. 8.30–21 Uhr,
Hauptgerichte ab 45 Pesos.
Eine Institution in Yucatán – seit fast vier Jahrzehnten. Exzellente authentische yucatekische Küche, Fr abends begleitet von Folklore-Musik und -Tanz.

Bus: Terminal in der Calle 21 No. 196, Verbindungen von/nach Acanceh, Bacalar, Chetumal, Mama, Muna, Mérida, Oxkutzcab, Tecoh und Umán.

10 Highlight

Ziele in der Umgebung

La Sierrita de Ticul: Pyramiden, Haciendas und typische Maya-Dörfer prägen diese, südlich von Mérida quer über die Halbinsel Yucatán sich ziehende Hügelkette. Dutzende von Städten entwickelten sich hier vor rund 1000 Jahren; sie zählen aufgrund ihrer künstlerischen Ausdruckskraft und architektonischen Gestaltung zu den eindrucksvollsten Zeugnissen der Maya-Kultur. Schönstes Beispiel für den Puuc genannten Stil (s. S. 65) dieser Bauten sind sicher die Ruinen von Uxmal (s. S. 101).

11 Highlight

Tulum (H 4)

Mit Tulum verbindet sich vor allem die zauberhafte Vision präkolumbianischer Pyramiden vor den grünblauen Wellen der Karibischen See. Von den Ferienzentren Playa del Carmen, Cozumel und Cancún ist diese Postkarten-Attraktion rasch zu erreichen – und muss daher täglich einen großen Besucheransturm verkraften, der mit einer Fülle von Souvenir- und T-Shirt-Ständen um das Besucherzentrum empfangen wird. Individualisten schätzen die ruhigen Minuten nach der frühmorgendlichen Öffnung der Ruinenstätte, wenn statt vielstimmiger Erklärungen nur Vogelgezwitscher und Meeresrauschen die Luft erfüllt.

Doch Tulum ist nicht nur die Maya-Stätte, sondern besteht noch aus zwei weiteren Teilen. Zum einen ist da das eigentliche Straßendorf Tulum an der vierspurig ausgebauten Carretera 307, das sich allmählich vom 8000-Seelen-Dorf zu dem entwickelt, was Playa del Carmen vor sieben oder acht Jahren noch war: eine Ansammlung netter Kneipen, Bars, Pension und kleiner Hotels, Dive-Shops und Souvenirläden. Zum anderen gibt es die *zona hotelera,* die sich mit Palmstrohhütten und (vorwiegend) kleinen Hotels über eine Länge von rund 15 km von den Ruinen an der Küste gen Süden zieht.

Sehenswert

Archäologische Stätte:
Parkgebühr für Pkws, vom Parkplatz sind es ca. 15 Min. zu Fuß, schneller geht es mit dem Shuttlebus, beides kostet ca 25 Pesos.
Die archäologischen Stätten von Tulum gehören zu den eindrucksvollsten der Welt der Maya. In der postklassischen Periode auf einem Plateau oberhalb des Karibischen Meeres erbaut, war die Siedlung, die ursprünglich Zamá – Morgenröte – hieß, eine wichtige Handelsstation auf dem Weg zu anderen Orten der Karibik und dem Zentrum Mexikos. Sie ist die einzige Maya-Stätte, die direkt an einer Küste entstand. Ihre Blütezeit hatte sie ab dem 13. Jh. Aber noch bei der Ankunft der spanischen Eroberer lebten innerhalb ihres Mauer-

Tulum: die einzige Maya-Stätte direkt am Meer

gürtels, von dem der Name Tulum abgeleitet ist, eine Vielzahl von Menschen. Und während des Krieges der Kasten im 19. Jh. (s. S. 13) diente das befestigte Ruinengelände aufständischen Maya als Zuflucht und Zeremonialstätte. 60 Strukturen sind bis heute in gutem Zustand erhalten.

Gleich hinter dem Eingang liegt rechterhand der **Templo de los Frescos** mit – allerdings nur noch über eine Absperrung zu betrachtenden – Resten farbiger Wandmalereien im Inneren des Gebäudes. Links stehen die **Casa de las Columnas** mit Säulenschmuck und der **Gran Palacio** bzw. die **Casa del Halach Uinic** (Haus des Großen Herrn).

Wichtigstes Gebäude ist das unmittelbar an der Küste, auf dem höchsten Punkt der Anlage, errichtete **Castillo.** Auf seinem Dach erhebt sich ein Tempel aus zwei Zimmern und mehreren Schlangensäulen – einer der schönsten Orte an der gesamten Riviera Maya, um den Sonnenaufgang zu betrachten. Der kleine Tempel nebenan ist dem Dios Descendente geweiht, jenem kopfüber, mit gespreizten Beinen und vor der Brust gefalteten Feder-Armen ›herabstürzenden Gott‹, dessen Darstellung nahezu jedes Bauwerk in Tulum schmückt.

Einkaufen

Shopping Mall Haciendas Doña Isabel: Carretera Cancún–Tulum, km 250, Tel. 984 871 55 00, tgl. 8–3 Uhr.
Alles was das Touristenherz begehrt bieten die 30 Läden und Lokale der Mall: Strandkleidung, Kunsthandwerk, Textilien im Maya-Stil, Schmuck etc.

Hotel la Luna Gitana: Av. Satelite (Sagitario & Polar), Tulum-Ort, Tel. 984 871 20 43, 984 871 20 44, rund 500 m von der Busstation, DZ ab 350 Pesos.
Hübsches zweigeschossiges Haus mit Palapa-Dächern und 18 großzügigen Zimmern, italienisches Restaurant.

Cabañas Copal: Carretera Tulum–Ruinas, km 5, Tel. 604 834 51 53, www.cabanascopal.com, *Cabaña* (ohne Bad) ab 400 Pesos, DZ ab 550 Pesos.

Öko-Anlage am Strand mit Zimmern/Hütten, ohne Strom und Tel., dafür Holistic-Spa-Angebote.

Cabanas Ana & Jose:
Carretera Tulum–Boca Paila, km 7,
Tel. 984 887 54 70,
Fax 984 887 54 69,
anayjose@cancun.com.mx,
ab 800 Pesos.
Kleines Strandhotel mit 15 mexikanisch dekorierten Zimmern, eine Suite und zwei Hütten direkt am Meer. Gutes Restaurant.

Villas Azulik:
Carretera Tulum–Ruinas, km 6,
Tel. 604 834 51 53,
azulik@eco-res.com,
Villa ab 1500 Pesos.
Fünf romantische, hölzerne Villen mit ebensolchen Badezubern; Spa-Anwendungen von den benachbarten Cabanas Copal (s. o.) direkt im Zimmer möglich.

Camping

Camping Santa Fe:
Carretera Tulum–Boca Paila,
km 0,47.
Snackbar, Tauchstation und die Möglichkeit, unmittelbar am Strand zu nächtigen.

Auf Entdeckungsfahrt im Xel-Ha-Freizeitpark

Im Zentrum der Ortschaft Tulum säumen verschiedene kleine Restaurants die Hauptstraße. Sie bieten schlichte einheimische Kost – wie z. B. *Tacos* oder *Tortilla* mit frisch gebratenen Schweinefleischstücken und feuerscharfen hausgemachten Saucen. Ansonsten isst man in den kleinen Hotels bzw. in den Snack-Buden und Restaurants der Strandanlagen.

Andrea's:
gegenüber dem Eingang der Ruinenstätte,
Tel. 984 871 22 56,
Hauptgerichte ab 30 Pesos.
Espresso, Saft, Milchshake, Riesen-Muffins oder Omelette mit Fritten gefällig? Das junge Team zaubert für die müden Ruinenbesucher alles rasch auf den Tisch der schattigen Straßenterrasse. Sogar Bikes kann man leihen (20 Pesos/Std., 80 Pesos/Tag), und es werden *cabañas* vermietet.

Busse: Öffentliche Busse verkehren regelmäßig von Cancún und Playa del Carmen und zurück auf dem Highway Chetumal–Cancún und halten im Ort Tulum. Dort stehen **Taxis** zur Hotelzone (ca. 40 Pesos).
Bei verschiedenen regionalen Veranstaltern könne auch Trips nach Tulum gebucht werden – meist jedoch kombiniert mit anderen Zielen an der Riviera Maya.

Ziele in der Umgebung

Xel-Ha (H 4): In der Maya-Sprache bedeutet dieser Ort ›dort, wo die Gewässer geboren werden oder sich vermählen‹. Hier ›vermählen‹ sich die Wellen des karibischen Ozeans mit dem Wasser zweier unterirdischer Flüsse. Zur Maya-Zeit war Xel-Ha ein bedeutender Hafen; die Ruinen auf der landwärts gewandten Seite der Mex 307 erinnern noch ein wenig daran.

Freizeitareal Parque Natural Xel-Ha (H 4): Carretera Chetumal–Cancún, km 240, Tel. 984 875 60 00, www.xel-ha.com, tgl. 9–17.30 Uhr, Eintritt 300 Pesos Erw., 150 Pesos Kinder, Sa/So 220/110 Pesos, all-inclusive 550/300 Pesos; bei Internet-buchung sind die Tickets ca. 10 % günstiger.

Zwei große *cenotes* liegen auf dem Dschungel-Gelände, und ein natürlicher Pool am Fuß des Leuchtturms lädt zum Plantschen ein. Es gibt auch eine archäologische Zone mit einigen Maya-Ruinen, eine Hängematteninsel, ein karibisches Dorf mit Souvenirshops und Badeausrüstung sowie ein mexikanisches *pueblito* mit Restaurants und Kneipen (s. Tour 5, S. 117).

Ferienzentrum Puerto Aventuras (J 3/4): Ebenfalls nördlich von Tulum an der Küste liegt dieses Dorf, das von ockergelben und korallenroten Fassaden geprägt ist. Es entstand etwa gleichzeitig mit Cancún und expandiert ständig weiter. Zentrum des Ortes ist der Yachthafen. Das Museum für Schiffswracks (CEDAM) beherbergt verschiedene Objekte aus den zahlreichen untergegangenen Schiffe vor der Küste. Freunde des grünen Sports finden einen 9-Loch-Golfplatz. Eines der bekanntesten Ereignisse von Puerto Aventuras ist das Fischerturnier Ende Mai.

12

Highlight

Uxmal (C 4)

›Fast so eindrucksvoll wie die Ruinen von Theben‹ erschien dem New Yorker Rechtsanwalt und Hobbyarchäologen John Llyod Stephens die Maya-Stätte Uxmal, wie er in seinem Mitte des 19. Jh. publizierten ›Bericht einer Reise nach Zentralamerika, Chiapas und Yucatán‹ schreibt. Das in der Puuc-Zone (s. S. 97) gelegene monumentale Meisterwerk vorspanischer Architektur – sein Name bedeutet ›drei Mal erbaut‹ – war eine der großen Metropolen des Maya-Reiches. Ende 1996 nahm die UNESCO Uxmal in die Liste ihres Weltkulturerbes auf. Mit Chichén Itzá und Tulum zählt es zu den meistbesuchten Maya-Stätten der Halbinsel (s. Tour 2, S. 111).

Sehenswert

Der üppige Puuc-Stil zeigt sich in Uxmal in vollendeter Harmonie. Vor allem der **Palast des Gouverneurs** *(Palacio del Gobernador)* gilt Experten als beispielhaft. Das faszinierende Bauwerk aus dem 11. Jh. zieht sich über eine Länge von 100 m und trägt einen von zwei Krag-Bögen unterbrochenen, mit grafischen Ornamenten und Chac-Masken aus mehr als 20 000 Einzelsteinen kunstvoll gestalteten Schmuckfries.

Nicht stiltypisch, sondern einzigartig ist hingegen die **Pyramide des Magiers** *(Pirámide del Adivinio)* nur wenige Schritte hinter dem Besucherzentrum des Eingangsbereichs. Denn statt des sonst üblichen quadratischen Grundrisses für derartige Architekturen wählten die Maya-Baumeister ein Oval als Basis. Schmale, steile Treppen führen hinauf zur 35 m hohen Spitze. Von ihr bietet sich ein herrlicher Blick auf die umliegenden Strukturen: das **Nonnenviereck** *(Cuadrángolo de las Monjas)* mit seinen vielen kleinen Kammern, welches die spanischen Eroberer so benannten, da sie in ihm den Bereich der zum Opfertod bestimmten Jungfrauen sahen bzw. es sie an die Klöster ihrer Heimat erinnerte, den **Ballspielplatz** *(Juego de Pelota)* und das **Haus der Schildkröten** *(Casa de las Tortugas)*.

Uxmal: die Pyramide des Magiers

Im Inneren dieses wahrscheinlich dem Wasserkult dienenden Tempels sind kleine, mit Schildkröten-Ornamenten verzierte Steinsäulen zu bewundern. Ein weiteres schönes Beispiel für die reine Puuc-Architektur gibt **El Palomar** – ein simuliertes Taubenhaus – mit 18 Kammern.

Feste & Unterhaltung

Luz y Sonido: Im Sommer tgl. 20 Uhr, Nov–März tgl. 19 Uhr, jeweils mit Ausrüstung für Simultanübersetzung in vier Sprachen,darunter auch Deutsch, 30 Pesos, Übersetzungskopfhörer 25 Pesos.
In den Abendstunden wird ein eindrucksvoll-kitschiges, etwa 45 Minuten dauerndes Licht- und Tonspektakel geboten, bei dem die Steinreliefs mit unterschiedlichen Farbquadraten angestrahlt werden.

Chac Mool:
Santa Elena, an der Straße Richtung Kabáh,
DZ ab 250 Pesos.
Einfache Zimmer hinter dem gleichnamigen Restaurant (s. u.).

Hacienda Uxmal:
Antigua Carretera Mérida–Campeche, km 78, Tel. 997 928 08 40, 997 887 08 70, Fax 997 925 00 87, www.mayaland.com,
DZ ab 800 Pesos.
Locker um einen schönen Garten mit Pool gruppierte Gebäude mit schattigen Innen-Veranden. Großzügige, aber nicht gerade üppig ausgestattete Zimmer und Bäder. Viele Gruppen.

Chac Mool: s. Hotels, tgl. 12–22 Uhr,
Hauptgerichte ab 40 Pesos.
Einfache, schmackhafte Gerichte wie Hühnchen, Bohnen, Tacos. Schlichtes Palapa-Ambiente.

Yak Beh:
im Besucherzentrum, tägl. 8–21 Uhr,
Hauptgerichte ab 45 Pesos.
Mischung aus Kantine und Mac Donalds, teils yucatekische Spezialitäten, aber abgestimmt auf ausländische Gaumen.

Busse zwischen Mérida und Uxmal verkehren ca. 2 x tgl., **Sammeltaxis** unregelmäßig.
Reiseveranstalter in Mérida bieten Uxmal – meist zusammen mit Kabáh, Labná und Sayil – als Tagesausflug an.

Valladolid (G 3)

Das rührige, heute für seine Würste und Fleischspezialitäten bekannte Kolonialstädtchen mit rund 80 000 Einwohnern war seit dem 16. Jh. immer wieder Schauplatz von Aufständen: Kräftig wehrten sich die *indígenas* gegen die Knechtschaft durch die Konquistadoren. Zwei Jahre brauchten die Spanier allein, um den Maya ihre Zeremonialstätte Zaci zu entreißen und auf ihren Grundmauern 1544 eine neue Siedlung zu bauen. Die einstige Kolonialpracht wirkt heute etwas verblichen. Die Plaza Central im Herzen der Stadt säumen noch einige Gebäude aus der spanischen Epoche. Kern des großen Platzes ist eine Grünanlage mit Skulpturenbrunnen. Hier trifft man sich abends zum Schwatz. Tagsüber nutzen Maya-Frauen den Zaun um den Park, um ihre Stickereien und handgemachten Taschen auszustellen.

Sehenswert

San Servacio: Am Hauptplatz erhebt sich majestätisch die Kathedrale San Servacio mit zwei hohen Türmen. Bereits 1545 weihte Pater Francisco Hernández an ihrer Stelle eine kleine Kirche ein; die Kathedrale in ihrer heutigen Gestalt stammt aus dem Jahre 1706.

Palacio Municipal: Im Rathausgebäude erzählen Wandgemälde des aus Mérida stammenden Künstlers Lizama Salazar von der bewegten Geschichte Valladolids.

Kloster San Bernardino: Im Stadtteil Sisal steht das mächtige Kloster San Bernardino de Siena. Es ist der erste Konvent auf yucatekischem Boden. Nach teilweiser Zerstörung wurde die klassische Franziskaner-Architektur originalgetreu restauriert. Das Innere der Klosterkirche birgt religiöse Kunstwerke aus der Entstehungszeit der Anlage, darunter den in Menschengröße auf eine Säule gearbeiteten Christus *(Cristo de la Columna)*.

Cenote Zaci: Ein paar Schritte vor der Markthalle liegt der Cenote Zaci (Eintritt 10 Pesos). Sein Wasser ist sehr schmutzig. Dutzende von Schwalben segeln durch das halboffene Höhlenrund, das einen Durchmesser von 45 m hat und eine Tiefe von 80 m. Jeden Morgen gegen 9 Uhr stellen sich am oberen Rand des *cenote* vier *clavadistas* in Positur. Wie ihre berühmten Felsenspringer-Kollegen in Acapulco hechten sie in das Nass zu ihren Füßen. Zuschauer müssen mit einem Obolus von 100–150 Pesos für dieses Schauspiel rechnen. Im Cenote-Eintrittspreis inbegriffen ist indes der kleine Zoo, auf den hinter dem Kassenhäuschen ein Elefanten-Piktogramm verweist.

Einkaufen

Mercado de Artesanías:
Calle 39/Ecke Calle 44.
Wer nicht aufpasst, läuft einfach vorbei, denn von der Straße sieht man den Eingang kaum; er ist vollgehängt mit Taschen, Koffern etc. Dahinter öffnet sich ein Innenhofgebäude mit guter Auswahl an *Guyarbera*-Hemden, Keramik etc.

›Artesanías del Parque‹:
Calle 42 No. 199.
Kunsthandwerk aus ganz Mexiko.

Mercado Municipal: Die Maya des 21. Jh. versorgen sich hier allmorgendlich mit Lebensmitteln. Es werden auch Schuhe und Kleidung verkauft. Mutige können bei den Straßenhändlerinnen hausgemachte *tamales* probieren und *atole* schlürfen.

Sport & Strände

Fahrradverleih Negro: an der Rückseite des Hotels Maria Guadalupe.

Touristeninformation:
im Erdgeschoss des Palacio Municipal (s. o.), 97780 Valladolid, www.valladolidyucatan.com, www.valladolid.gob.mx.

Hotel Don Luis:
Calle 39 No. 191,
Tel. 985 856 20 24, 985 856 20 08,
DZ ab 210 Pesos.
Schlichte, aber saubere, z. T. klimatisierte Unterkunft unweit des Hauptplatzes. Beliebt bei mexikanischen Gästen. Großer Parkplatz.

Maria de la Luz:
Calle 42 No. 193 C,
Plaza Principal,
Tel. 985 856 11 81,
Fax 985 856 20 71,
www.mariadelaluzhotel.com,
DZ ab 400 Pesos.
Zentraler kann man nicht wohnen, die Zimmer sind großzügig und mexikanisch-schlicht.

Hotel El Mesón del Marqués:
Calle 39 No. 203,
Tel. 985 856 20 73, 985 856 30 42,
Fax 985 856 22 80,
marques@chichen.com.mx,
ab 660 Pesos.

Vor 30 Jahren zum charmanten Hotel umgewidmetes privates Kolonialgebäude, inzwischen ausgebaut auf 90 Zimmer. Erstes Haus der Stadt, Reisegruppen.

Preiswert und gut kann man sich an den *loncherías* des **Bazar Municipal** verköstigen – sie bieten *longaniza,* die Wurst-Spezialiät von Valladolid, Schweinemagen und andere Deftigkeiten.

Restaurant Las Tejas:
Calle 37 No. 209,
Tel. 985 856 26 13, tgl. 11–19 Uhr,
Hauptgerichte ab 35 Pesos.
Schlichtes Lokal zwei Blocks vom Hauptplatz, yucatekische Küche.

El Payaso:
Calle 33 No. 217,
Tel. 985 856 16 66, tgl. 11–19 Uhr,
Hauptgerichte ab 45 Pesos.
Von den Wänden des großen einzigen Raums der Familienkneipe außerhalb des Zentrums leuchten Malereien mit Meeresgetier. Ähnliche Exemplare gibt es auf dem Teller. Köstliche Fischsuppe, leider sind die Salsas Industrieprodukte.

Restaurante Cenote Zaci:
Calle 36 No. 178, Santa-Anna-Viertel,
Tel. 985 856 21 07, tgl. 11–22 Uhr,
Hauptgerichte ab 45 Pesos.
Spezialitäten aus Valladolid: *Relleno negro, lomitos;* großzügige *Botanas.*

›Las Campanas‹:
Calle 42 No. 199,
Mo–Do 11–19 Uhr, Fr–So auch abends, Hauptgerichte ab 50 Pesos.
Mexikanisch, yucatekisch, international – in etwas bohèmehaftem Ambiente. Am Wochenende abends Live-Musik.

Bus: Zahlreiche Verbindungen nach Mérida, Cancún, Playa del Carmen, Cobá, Tulum und Tizimín vom Bus-Terminal Calle 39/Ecke 46.

Ziele in der Umgebung

Cenote Xkeken/Dzitnup (G 3):
ca. 3 km außerhalb der Stadt
(Eintritt 10 Pesos).
In den unterirdischen Gewässern kann man ein erfrischendes Bad nehmen. Allerdings fallen nur mittags ein paar Sonnenstrahlen durch die Öffnung. Ein paar 100 m vor dem Cenote wurde 1999 der Cenote Samula der Öffentlichkeit zugänglich gemacht. Wie ein riesiges Bündel Taue hängen durch ein Deckenloch die Wurzelstränge eines mächtigen Baumes bis zur Wasseroberfläche herab.

Ruinen von Ekbalám (Stern des Jaguar, G 2): Vorbei an einigen Ranchos, Mais- und Baumwollfeldern führt im Norden die Mex 295 schnurgerade zur Küste. Nach 15 km zweigt eine schmale Straße zu den Ruinen ab. Sie bildeten einst wohl eine der wichtigsten Maya-Städte der Region. Ihre Blüte erreichte sie zwischen 600 und 1200 n.Chr. Rund 12 km² dehnte sie sich aus. Immer neue monumentale Bauten fördern die Ausgrabungen hier unter dem grünen Bewuchs zutage. Schon jetzt lassen sich mehrere Straßen erkennen, die auf dem doppelt ummauerten Hauptplatz zusammenliefen, und helle Paläste mit gerundeten Ecken. Teile eine dritten Mauer förderte man ebenso zutage wie einen Ballspielplatz. Vom Baustil her lassen sich Puuc-Einflüsse feststellen, es gibt aber auch Details wie engelähnliche Symbole, die einzigartig sind in der Region. Die Akropolis zählt zu den größten Mittelamerikas.

Tizimín (G 2): Etwa auf halber Strecke zur Küste liegt an der Mex 295 das Kolonialstädtchen Tizimín mit seinem geschäftigen Markt und dem Kloster Tres Magos. Dessen Schutzpatrone werden am Dreikönigstag mit einem aufwendigen Fest geehrt.

Extra-

Fünf Touren durch das alte Maya-Land:
1. Sakrale Zeugen der Kolonialzeit: La ruta de conventos
2. Barocke Maya-Kunst: Die Puuc-Route

Alle Touren sind auf dem großen Faltplan eingezeichnet

Touren

3. Im Norden des Biosphärenreservats Sian Ka'an
4. Auf den Spuren des Sisals
5. Eine Reise zu den schönsten Tauchrevieren

Tour 1

Eine der wichtigsten Pilgerstätten Yucatáns: die Klosterkirche von Maní

Sakrale Zeugen der Kolonialzeit: La ruta de conventos (D 3–D 4)

Von Mérida nach Telchaquillo

Diese Tour über kleinere Orte und Dörfer zu Kirchen, Klöstern und Kapellen der Kolonialzeit startet in Mérida. Erste Station der Route, für die man von der Ausfallstraße *periférico* der Beschilderung Kanansin folgt, ist **Acancéh**. An der zentralen Plaza de las Culturas finden sich prähispanische, koloniale und moderne Bauten vereint: Nur einen Steinwurf von der Nuestra Señora de la Natividad geweihten Kirche im reinen, schlichten Franziskaner-Stil erhebt sich eine massive Maya-Pyramide. Unscheinbar duckt sich daneben die Kapelle der Jungfrau von Guadalupe. Auf der anderen Seite der beiden Gotteshäuser pulsiert der lebendige Markt. Vier Blocks davon entfernt liegt der Tempel der Stuckaturen.

In **Tecoh** erheben sich auf der Grundfläche eines Hügels, der an die Basis einer Maya-Pyramide erinnert, die von einem Tonnendach überwölbte Kirche der Heiligen Jungfrau der Himmelfahrt und das gleichnamige Kloster aus dem 17. Jh. Beachtung verdient zudem das Rathaus im frühkolonialen Stil, die hübsche Markthalle – und vor den Toren der Stadt die *Grutas de Tzabnah* (der Namen bedeutet Königspalast), ein Höhlensystem von großer Schönheit mit 13 *cenotes* und einem großen, als *catedral cupula* (Kathedralenkuppel) bekannten Saal. Auch im Hauptpark von **Telchaquillo** führt eine Treppe hinab zu einem *cenote*. Die Fassade der bescheidenen Franziskaner-Kirche schmücken von Maya-Kunsthandwerkern gemeißelte Steineinlagen.

Tekit und Mama

Als Erbe des Kaziken von Maní (s. u.) weist das in der Kolonial-Epoche überaus bedeutende Dorf **Tekit** zwei herausragende kirchliche Bauwerke auf: das ehemalige Kloster des hl. Antonius von Padua und die Kapelle des hl. Christopherus. Es waren Maya-Hände, so heißt es, die in dem Taufstein in der Kapelle die Jahreszahl 1592 eingravierten.

Lebhafte Erinnerung an das Wirken des Franziskaner-Ordens spiegeln Kirche und Kloster von **Mama.** Beachtung an dem Baukomplex aus dem 17. Jh. verdienen vor allem die Steinmetzarbeit am Portal-Bogen, der durchbrochene Glockenturm und das Atrium. Hinter dem Klostergarten gelangt man zu einer *noria.* Mit dem Bau dieses hölzernen Schöpfsystems straften die Missionare den Ortsnamen Lügen, der bedeutet: ›Es gibt kein Wasser‹.

Über Chumayel nach Teabo

Chumayel zeigt sich dem Reisenden heute unspektakulär mit der kleinen Klosterkirche aus dem 16. Jh. Doch für die Maya war dieser Ort von großer Bedeutung: Hier wurde ein Exemplar der Chilam-Bilam bewahrt, jener Bücher, die das Wissen und die Weisheit des Jaguar-Propheten enthielten und als die ›Bibel‹ der Maya gelten.

Vor der Kirche des für seine bestickten *huipiles* bekannten **Teabo** fällt als erstes ein Fußballfeld ins Auge. Neben der *Capilla de los Indios* hinter den Kirchhofmauern erhebt sich die Kirche des hl. Paulus. Ein wunderbarer Barockaltar schmückt ihr Inneres. Hinter dem Gotteshaus lassen sich Spuren eines wichtigen Maya-Friedhofs entdecken.

Nach Maní und Oxkutzcab

Traurige Berühmtheit erlangte das Dorf **Maní:** Es war 1562 Schauplatz des Autodafé, bei dem der fanatische Missionar und spätere Bischof Diego de Landa mehr als 5000 wertvolle Schriften, Kunstgegenstände und Ahnengebeine der Maya verbrannte. Drei Jahre zuvor hatte er mit dem Bau eines Klosters im Ort begonnen, das als Schule auch die Elite der Maya mit dem Katholizismus vertraut machen sollte. Imposante Beweise der rätselhaften Vergangenheit von Maní – dem ›Ort, wo alles vorbei ist‹ – blieben u. a. in Gestalt der Klosterkirche erhalten. Ihre Mauern bergen eine steinerne Christusskulptur von außergewöhnlicher Schönheit.

Ein kleines Museum dokumentiert die Geschichte des Dorfes (Beschriftung neben Spanisch und Maya teils auch in englisch und französisch). Maní ist heute eine der wichtigsten religiösen Stätten in Yucatán; vor allem in der Kar-Woche kommen viele Pilger.

Oxkutzcab und seine Umgebung stehen im Ruf, der ›Obstgarten Yucatáns‹ zu sein. In der zweckdienlichen Markthalle wechseln Gemüse und Früchte meist gleich kistenweise den Besitzer. In der Franziskaner-Kirche, für deren Fassade auch Maya-Steine verbaut wurden, besticht vor allem das vergoldete Altarbild. Hinter der angrenzenden offenen Kapelle liegen Reste des Klosters.

Tour- Info

Länge: Die vorgeschlagene Route ist ca. 130 km lang; von Oxkutzcab zurück nach Mérida (über Ticul, Muna, Umán) sind es ca. 110 km. Die Auto-Tour dauert inkl. Besichtigungen 7–9 Std.; es empfiehlt sich daher, in Mérida bereits frühmorgens aufzubrechen.

Übernachtung: Hacienda San Juan Bautista Tabi (zwischen Mani und Oxkutzkab, Tel. 999 923 80 89, Fax 999 923 79 63, 4 einfache DZ, ca. 50 US-$, und großer Saal mit Hängematten, 20 US-$, sowie Campingmöglichkeit. Kein heißes Wasser, schlichte Kost): Tabi war einst die größte Hacienda Yucatáns, ein Teil ist inzwischen Regionalmuseum und Kulturzentrum. Hospedaje Trujeque (Calle 48, Oxkutzkab, gegenüber dem Park, Tel. 999 975 05 68, saubere kleine Pension, DZ 10–15 US-$).

Restaurants: Sowohl in Maní als auch in Ticul (s. S. 96f.) gibt es einfache, kleine Restaurants mit einheimischer Kost.

Tipp: Nach einer Übernachtung in Oxkutzcab lässt sich die Tour gut mit Teilen der Puuc-Route (s. Tour 2, S. 110f.) kombinieren.

Tour 2

Puuc-Stil in seiner reinsten Form: der Palast von Sayil

Barocke Maya-Kunst: Die Puuc-Route (C 3–C 4)

In Oxkintoc

Der Weg zu den ›Juwelen unter den Werken der Maya‹ führt von Mérida aus südwestlich über Umán zunächst nach **Oxkintoc.** In dieser ausgedehnten Zeremonialstätte mit unterirdischem Labyrinth, die zu den ältesten Yucatáns zählt, wurden Stelen und Inschriften gefunden, die wertvolle Informationen über die Maya-Kultur lieferten, obwohl Oxkintoc den Forschern noch immer viele Rätsel aufgibt. Von seiner höchsten Pyramide bietet sich ein schöner Blick auf die Hügel des Puuc-Gebietes (s. S. 64, S. 97).

Die Höhlen von Calcehtoc und Loltún

In umittelbarter Nähe der Maya-Stätte liegen die **Höhlen von Calcehtoc** (auch bekannt als Actun Spukil), nach Loltún (s. u.) die zweitgrößten der Halbinsel. Um Calcehtoc gibt es rund 30 weitere Höhlen, die wahrscheinlich untereinander verbunden waren bzw sind.

7 km südwestlich von Oxkutzcab, erreichbar über die Orte Muna und Ticul, liegen die **Grotten von Loltún**. Ihr Maya-Name bedeutet ›Ort, aus dem aus Fels eine Blume wurde‹. Unterirdische Gänge erstrecken sich von kathedralenartigen Plätzen aus über mehr als 1 km Länge. Sie folgen ausgetrockneten Bachbetten und weisen immer wieder interessante Stalagmitenformationen auf. Die dort gefundenen Keramiken, Steinwerkzeuge, Felszeichnungen und Malereien dokumentieren die verschiedenen Epochen der Maya-Kultur. Eine Besonderheit der mindestens 7000 Jahre alten Höhlen sind ihre ›musikalischen‹ Säulen: Wenn man mit der flachen Hand an sie schlägt, geben sie einen dunklen Glockenton ab (tgl. 9–17 Uhr, letzte Führung 16 Uhr).

Über Labná nach X-Lapak

Labná ist vor allem für seinen *arco* berühmt. Der großartig mit feinen Ornamenten verzierte Bogen am Ende einer fast 200 m langen, gemauerten Straße *(sacbé)* markierte vermutlich den Eingang zu einem speziellen Platz für große Anlässe und Feierlichkeiten. Zum Zeremonien-Zentrum des wohl von bis zu 2500 Personen bewohnten Labná gehörte auch der *Mirador* (Aussichtsturm) und der Palast-Komplex. Zwölf Mal wurde er überbaut und dabei mit immer neuen Kunst- und Architektur-Elementen versehen. 70 Zisternen *(chultunes)* liegen in seiner Nähe (Eintritt 27 Pesos).

Das kleine, noch weitgehend unerforschte und unrestaurierte **X-Lapak** beherbergt mit seinem Palacio eines der schönsten Beispiele des verspielten, 750–1000 n. Chr. florierenden Puuc-Stils (Eintritt 22 Pesos).

Sayil, Kabáh und Uxmal

In noch größerem Maße spiegelt allerdings **Sayil,** der ›Ort der Ameisen‹, der 800–1000 n. Chr. in einem ausgedehnten Längstal errichtet wurde, das damalige hohe technisch-architektonische Niveau der Maya wider. Die Archäologen zeigten sich vom Ausmaß dieser Stätte überrascht und forschen noch immer nach ihrer Bedeutung. Imponierendstes Gebäude von Sayil ist der dreistöckige, mit Säulen und Steinmosaiken reich verzierte Palast *(El Palacio).* Er barg ursprünglich mehr als 90 Zimmer, in denen fast 350 Personen Unterkunft fanden. Von der obersten Palast-Plattform sieht man die mächtige Kolonial-Kirche des Örtchens Santa Elena und an einem Hügel die kleine Ruinenstätte namens ›Neun Masken‹. Beachtung verdient auch der schöne Ballspielplatz *(Juego de Pelota)* und der ca. zehn Spazierminuten entfernte Mirador (Eintritt 27 Pesos).

Aufgrund seiner Mosaiken aus Kalkstein und der Feinheit seiner Architektur gehört auch **Kabáh** zu den bedeutenden Beispielen der Maya-Kunst in Yucatán. Neueren Forschungsergebnissen zufolge wurde die Zone bereits 250 Jahre v. Chr. besiedelt und erreichte ihre Glanzzeit 800–900 n. Chr. Nur wenige Gebäude der einst ausgedehnten Stadtanlage wurden bisher freigelegt, darunter ein Palast mit zwölf Plattformen und Altären sowie der berühmte Palast der Masken, *Codz Poop.* Mehr als 250 Steinmasken des rüsselnasigen Regengottes Chac bedeckten dicht an dicht die Vorderfront des Gebäudes. Ein Großteil der Masken wurde inzwischen restauriert. Außerdem gibt es einen Bogen, der als Stadtzentrum und Tor zur *sacbe,* der ›weißen Straße‹ der Maya nach Uxmal gilt (Eintritt 27 Pesos).

Das 1996 in die Liste des UNESCO-Weltkulturerbes aufgenommene **Uxmal** (s. S. 101ff.) zeichnet sich durch seine Monumentalität sowie die Rein- und Feinheit der Architektur aus. In der ›drei mal gebauten Stadt‹, wie der Name sagt, zeigt sich der üppige Puuc-Stil in vollendeter Harmonie (Eintritt 85 Pesos).

Tour- Info

Länge: Für die 220 km lange Auto-Tour benötigt man inkl. Besichtigung 8–10 Std.; die Strecke von Uxmal zurück nach Mérida ist 80 km lang.
Übernachtung: Hotels gibt es in Ticul (s. S. 96) und in Uxmal (s. S. 102).
Restaurants: Im Tourist-Center von Uxmal sowie in Ticul (s. S. 96f) und in Muna.
Öffnungszeiten: Alle Maya-Stätten sind tgl. 8–17 Uhr geöffnet.
Höhlenführungen: Die Grutas de Loltún können nur im Rahmen einer Führung besucht werden. Sie starten tgl. jeweils um 9.30 und 12.30 (in spanisch) sowie um 11 und 14 Uhr (in englisch), Ticket: 47 Pesos p. P.
Organisierte Touren: Wer die Puuc-Route nicht individuell abfahren möchte, kann sie (meist inkl. Grotten von Loltún) in Mérida auch bei verschiedenen lokalen Reiseveranstaltern als Tagesausflug buchen: ca. 250 Peso p. P.; Abfahrt 8.30 Uhr, Rückkehr gegen 17.30 Uhr.

Am Strand von Punta Allen

Tour 3

Im Norden des Biosphärenreservats Sian Ka'an (K 2–H 5)

Natur pur

Früh aufstehen heißt es für diese Tagestour, die von Playa del Carmen oder Cancún aus unternommen werden kann. Bis nach Tulum führt die ausgebaute Schnellstraße Mex 307. Nach der Abzweigung zur *Zona Hotelera* säumen anfangs noch vereinzelt kleine Strandpensionen das zunehmend schmalere Asphaltband. Ab dem Eingangsbogen zum Biosphärenreservat **Sian Ka'an** – der ›Ort, wo der Himmel geboren wird‹ –bietet sich dem Auge indes lange nichts als Natur.

Über eine Fläche von 5000 km^2 erstreckt sich der Naturpark, davon etwa 120 km entlang der Karibikküste. Auf dem Gebiet liegen rund zwei Dutzend archäologische Stätten; Keramikfunde und andere Relikte verweisen auf ein Alter von mehr als 2000 Jahren. Experten vermuten, dass sie zu den Siedlungen von Cohuah und Uaymil gehören. Über die Lagunen und durch die Mangrovenkanäle des Nordteils verlief wahrscheinlich eine alte Handelsroute zwischen den Städten Tulum und Muyil.

In Teilen des heutigen Reservats wurde bis Mitte des 20. Jh. Gummi gewonnen. 1986 nahm die UNESCO die einzigartigen Naturlandschaften von Sian Ka'an – Korallenriffe, Dünen, tropische Steppe, Mangrovensümpfe, Palmen-Savannen und Regenwald – in die Liste des Weltnaturerbes auf. 1994 wurde ein großes Gebiet im Süden des Reservats zu einer weiteren Schutzzone für Flora und Fauna erklärt (Uaymil). Zur Zeit leben etwa 2000 Menschen in dem Reservat – vor allem in den Fischerdörfern Punta Herrero ganz im Süden, Boca Baila und Punta Allen.

Lebensraum für eine vielfältige Tierwelt

Sian Ka'an bietet einen geschützten Lebensraum für unzählige Tierarten: Mehr als 300 Vogelarten nisten und brüten in dem Naturpark – vom kleinen gelben Fliegenschnapper über den Fregattvogel mit seinem roten Kehlsack bis hin zum Flamingo und dem Jabirú-Storch. Zudem leben hier mehr als 100 verschiedene Säugetiere. In den Wäldern streifen Jaguar, Puma, Ozelot, Tapir, Nasenbär und Hirsche umher. Fledermäuse und Schmetterlinge flattern in eindrucksvoller Zahl. Und mit etwas Glück sieht der Reservat-Besucher in den Gewässern nicht nur fantastische Fische, sondern auch Krokodile, Kaimane und möglicherweise ein Exemplar der selten gewordenen Seekuh.

Ein besonderes Schauspiel ereignet sich alljährlich im Sommer. Während der heißen Nächte legen an der Küste Sian Ka'ans vier bedrohte Meeresschildkröten-Arten ihre Eier in den Sand. Nach etwa einem Monat schlüpfen die von der Wärme ausgebrüteten Jungtiere aus den ca. 50 cm tiefen Sandlöchern und wandern ins Wasser.

Ein kurzer, sorgsam angelegter Lehrpfad (Beh-Ha) erklärt dem Reservat-Besucher die verschiedenen Mangroven-Arten der Karibikküste, zeigt einige Palmarten der yucatekischen Halbinsel und die Meeresweintraube, macht auf Termitenhügel ebenso wie auf Wildschweinspuren aufmerksam und endet an einem offenen *cenote*.

Die Halbinsel entlang

Vom Beh-Ha geht es dann hinein in die Ursprünglichkeit von Sian Ka'an. Der Tourismus ist im Naturreservat strengen Auflagen unterworfen. Es gibt fast nur Privathäuser sowie kleinere Unterkünfte für Sportfischer. Generatoren und Solaranlagen sorgen für Strom; ein Telefonnetz existiert hier nicht. Die einzige befahrbare Verbindung zieht sich über eine nadelschmale Halbinsel. Nur knapp 1000 Menschen leben hier – hauptsächlich verteilt auf die beiden Dörfer Boca Paila und Punta Allen. Die von Veranstaltern in den größeren Badeorten an der Riviera Maya angebotenen Exkursionen nach Sian Ka'an führen gewöhnlich nur bis **Boca Paila.** An der weißen Holzbrücke dort oder an einem Steg in der Nähe erwarten die Teilnehmer kleine Boote, mit denen es für ca. zwei Stunden durch den Mangroven-Dschungel geht.

Individualreisende müssen mit den örtlichen Fischern über Ausflugsrouten und Preise verhandeln. Gleiches gilt in **Punta Allen.** Die *lancheros* der Vigia Grande, einer Kooperative von Punta Allen, bieten verschiedene Bootstouren an, bei denen auch geschnorchelt werden kann. Die 600 Einwohner des erst Mitte der 1950er Jahre von Don Jesús gegründeten Ortes am südlichsten Zipfel der Halbinsel leben vorwiegend vom Fisch- und Langustenfang. In einem halben Dutzend einfacher Restaurants stehen die frischen Wassertiere je nach Saison und Tagesausbeute auf der Speisekarte. Wer nach dem köstlichen Mahl doch nicht mehr die 45 Pistenkilometer bis zur Asphaltstraße von Tulum zurückzockeln möchte, der findet inzwischen auch in Punta Allen schlichte Hütten und preisgünstige Zimmer bei den Fischerfamilien.

Tour- Info

Länge: Die Schnellstraße von Cancún (bzw. Playa del Carmen) nach Tulum ist 130 km (bzw. 63 km) lang, von Tulum nach Punta Allen sind es 45 km; für die mit Schlaglöchern übersäte Piste muss ca. 3 Std. Fahrt eingeplant werden. Außerdem sollte man genügend Muße für den Bootsausflug durch die Mangrovenkanäle oder zu einer der kleinen Inseln vor der Küste des Naturreservats haben.
Reisezeit: In der Regenzeit zwischen Mai und Oktober sind weite Teile der trockenen Reservatszonen überschwemmt.
Unterkunft: in Punta Allen, Cuzan Guesthouse, Calle 77 No. 767, Kontakt über: Apartado 24, Felipe Carillo Puerto, Tel. 983 834 03 58, Fax 983 834 02 92, fishcuzan@aol.com.

Tour 4

Nur noch vereinzelt zu sehen: zum Trocknen aufgehängte Sisal-Fasern

Auf den Spuren des Sisals (C/D 2/3)

Von Mérida aus führt diese Tour zu ehemaligen und aktuellen Stätten der Sisal-Produktion sowie zum einstigen Exporthafen, der dem Produkt aus Agavenblättern seinen bis heute weltweit geläufigen Namen gab.

Das ›Grüne Gold‹

Schon Zamá, der Erfindergott der Maya, so heißt es, wusste um die Nutzbarkeit der Henequén-Agave und gab dieses Wissen an sein Volk weiter. Doch erst Ende des 19. Jh., als Schifffahrt und Landwirtschaft im nahen Nordamerika mehr und mehr Taue und Seile notwendig machten, erlebte das ›Grüne Gold‹ aus Yucatán seinen Boom. Angebaut und verarbeitet wurde Henequén vor allem im Gebiet um Mérida, auf unzähligen dafür aus- und umgebauten ehemaligen Rinder-Farmen. Doch mit dem Aufkommen des Nylons begann der Niedergang. Nur auf wenigen Sisal-Haciendas laufen heute noch die Maschinen; das Gros der einst mehr als 350 Landgüter liegt in Ruinen, nur etwa ein Fünftel wurden inzwischen restauriert. Viele sind nach wie vor in Privatbesitz, andere wurden in Museen, öffentliche Institutionen oder Landhotels umgewandelt.

Die Haciendas Aké, Chunkanán und San Antonio Tehuitz

Noch aktiv als Henequén-Produktionsstätte ist die **Hacienda Aké**. Gegen einen Obulus kann der Besucher sich die halb verfallenen Gebäude anschauen – sie liegen unmittelbar in den Überresten einer Maya-Stadt, überragt von der Pyramide der Pfeiler – und die noch aus der Zeit der Wende zum 20. Jh. stammenden Maschinen im Einsatz sehen.

Auf der **Hacienda Chunkanán** zerstörte der Hurrikan ›Isidore‹ mehrere Gebäude und legte die Sisalproduktion bis auf weiteres lahm. Trotzdem lohnt der Ausflug: Auf den Gleisen der von Pferden oder Maultieren gezogenen *plataformas,* die ursprünglich dem Transport des Henequén und zur Verbindung zwischen den Haciendas dienten, führen die ehemaligen Sisalarbeiter Gäste kilometerweit hinein in den yucatekischen Dschungel zu drei eindrucksvollen Cenoten: Chelentun, Chacxinicche und Bolonchoojol (Kontakt z. B. über Don Viktor, Tel. 999 910 34 15; 100–120 Pesos pro Person).

Auf der **Hacienda San Antonio Tehuitz** beherrscht man noch das Drehen der Taue. Mit Hilfe eines großen Eisenrades ziehen zwei Männer die Henequén-Fasern und winden sie, je nach gewünschter Dicke des Seils, ein- bis dreimal umeinander. Derweil zockeln gedrungene Pferdekutschen mit dem grünen Pressabfall der Agavenblätter vom Maschinenhaus über ein Gleissystem hinaus nach irgendwo. Manchmal schaufeln auch ein paar Bauern den Henequén-Brei zum Düngen der Felder auf ihren Pickup.

In Yaxcopoil und Ochil

Zum Museum umgewandelt wurde die **Hacienda Yaxcopoil** der deutschstämmigen Familie Faller. Der Gebäudekomplex aus dem 17. Jh. erzählt mit seinen original ausgestatteten Zimmerfluchten und reich dekorierten Fassaden vor allem vom Lebensstil der einstigen Großgrundbesitzer und birgt zudem eine Sammlung von Maya-Artefakten, die auf dem Hacienda-Gelände gefunden wurden.

Auch auf der **Hacienda Ochil** dienen Gleissystem, Seilrad und Loren nur noch der Dekoration. Die Anlage wurde zu einem touristischen Komplex umgestaltet – mit einem hübschen Terrassenrestaurant, Souvenirshop, Hütten, in denen man jungen Leuten bei traditioneller Handwerkskunst zuschauen kann, und einem modernen Museumsraum zur Bau- wie Sozialgeschichte der Sisal-Haciendas.

Nicht nur speisen, sondern auch nächtigen kann man in den in exquisite Hotels umgewandelten **Haciendas Temozón** und **Santa Rosa**. Westlich von Santa Rosa steht in **Chunchucmil** eine der einst größten und wichtigsten Sisal-Haciendas. Erhalten sind u. a. noch das Haupthaus, die Kapelle, das Maschinenhaus, Stierzwinger und Ställe, die Zimmerei und die Schule.

Zur Hafenstadt Sisal

In **Sisal** selbst, während des 19. und zu Beginn des 20. Jh. Yucatáns Haupttor zur Welt mit einer breiten Palette von Ein- und Ausfuhrgütern, ist von der einstigen Bedeutung als Ausfuhrhafen des ›Grünen Goldes‹ nichts mehr zu spüren. Einzig der große, ins Meer ragende Kai erinnert noch an die Zeiten, da Frachter aus aller Herren Länder hier vor Anker gingen. Ansonsten ist Sisal ein ruhiges Küstendorf mit weißem Strand, einigen Fischerkneipen und einem befestigten Leuchtturm. Die freundliche Familie, die dort ihren Dienst tut, lässt Besucher gerne auf das Dach der Anlage hinaufsteigen. An der Straße von Sisal zurück nach Mérida lassen sich kleine Pflanzungen mit jungen Agaven entdecken.

Tour- Info

Länge: Die gesamte Strecke beträgt 370 km; am besten verteilt man die Auto-Tour auf zwei Tage – einmal östlich, einmal westlich von Mérida.
Straßenzustand: Oft führen von der Hauptstraße nur Pisten zu den Haciendas. Auch von Chunchucmil Richtung Norden ist die Straße unbefestigt und voller Schlaglöcher.
Haciendas:
Hacienda Yaxcopoil:
Tel. 999 927 26 06,
www.yaxcopoil.com,
Mo–Sa 8–18 Uhr, So 9–13 Uhr.
Hacienda Ochil:
Tel. 999 993 99 77,
Mo–So 9–18 Uhr.
Die Hotel-Haciendas Temozón und Santa Rosa können unter Tel. 008 00/32 53 53 53 sowie unter www.starwood.com/ reserviert werden.
Für die Haciendas Aké, Chunkanán, San Antonio Tehuitz und Chunchucmil gibt es keine speziellen Kontaktadressen und Öffnungszeiten.

Tour 5

Ein überaus beliebtes Tauchrevier: die Riffe vor der yucatekischen Karibikküste

Eine Reise zu den schönsten Tauchrevieren (K 2–F 7)

Unterwasserwelt in allen Variationen

Korallenriffe und bizarre Tropfsteinsäulen, Hunderte von Fischarten und armdicke Wurzelbündel, die wie Taue in wassergefüllte Höhlen hinabhängen – die yucatekische Küste und ihr Hinterland bieten für Taucher und Schnorchler unzählige Attraktionen. Ein Großteil des 1200 km langen, bis Honduras reichenden **Grand Recife Maya** – nach dem australischen Great Barrier Riff das zweitgrößte der Welt – liegt zwischen der Isla Contoy und Chetumal.

Tauchen in den *cenotes*

Landeinwärts erwarten erfahrene Taucher mehr als ein Dutzend *cenotes*. Bei diesen in der Maya-Sprache *dzonot* genannten Grotten und Pools handelt es sich um Süßwasserreservoire im Kalkgestein. Weil andere Süßwasserquellen nicht vorhanden waren, hatten die *cenotes* in der Maya-Kultur eine große Bedeutung: Um sie herum siedelten sich Dörfer und Zeremonienzentren an, einige dienten spirituellen Zwecken.

An der Hauptstraße der Riviera Maya weisen großformatige Plakate auf die bekanntesten *cenotes* hin. Zu ihnen zählen der **Grand Cenote, Chac-Mool, Cenote Azul** und die **Höhle von Dos Ojos** (zwei Augen) bei Tulum. Vor allem das rechte ihrer ›Augen‹ bietet wunderbare Unterwasseransichten – mehr als 100 m kann man in dem klaren Wasser mit Hilfe einer starken Lampe vorwärts schauen und teilweise atemberaubende Gesteinsformationen entdecken.

Weitere interessante Cenoten in dem Gebiet zwischen Playa del Carmen, Tulum und Cobá sind **Ponderosa** (Anfahrt durchgängig geschottert, Einstieg über Betonstufen relativ einfach, das *cenote* wird bei Bedarf auch nachts geöffnet), **Car Wash** (fischreich und vielseitig; große, stark frequentierte Cavern-Zone; bei Einheimischen am Wochenende beliebt als Picknick- und Badeplatz), **Naharon** bzw. **Cristal(ino)** (kristallklares Wasser, seichter Einstieg, aber enge Öffnung zum Höhlensystem) und **Mayan Blue** (kurze Pistenzufahrt, Leitereinstieg, schöne, helle Felsformationen sowie lange, zum Teil recht tiefe und niedrige Tunnel).

Tauchspots um die Isla Mujeres

Ideale Bedingungen für Meerestaucher wie Schnorchler bieten u. a. die Gewässer um die Isla Mujeres. Routinierte Unterwassersportler können dort die **Cavernas de los Tiburones Durmientes** erkunden, die ›Höhle der Schlafenden Haie‹. Auf ihrem Grund dösen oft Dutzende verschiedener Hai-Arten. Ebenfalls spektakulär sind die Möglichkeiten des Naturparks **El Garrafón** an der Südspitze der ›Fraueninsel‹: Das Korallenriff eröffnet Schnorchlern wunderbare Einblicke in den Artenreichtum der Unterwasserwelt.

Die Meereswelt um die Isla de Cozumel

Mit einer besonders üppigen Vielfalt an Korallen-Formationen, Schalentieren und anderen Meeresbewohnern wartet die See um die Isla de Cozumel auf. Während des Zweiten Weltkriegs richteten die Amerikaner hier ein Trainingscamp für Taucher ein. Der Meeresforscher und -filmer Jacques Cousteau stufte die Riffe um diese Insel als Nummer fünf unter den zehn besten Tauchrevieren der Welt ein. Vor allem das **Arrecife Palancar** gilt als ein Dorado für – erfahrene – Unterwassersportler. Bewundern lässt sich der Farb- und Formenzauber dieses Gebietes auch im **Parque Nacional Laguna Chankanaab.** Im **Freizeitpark Xcaret** südlich von Playa del Carmen (s. S. 91) faszinieren Unterwasserfreaks vor allem die beiden Flüsse – einer davon verläuft zum größten Teil unter der Erde. Vor Xaret locken das **Barracuda-Riff** und das versunkene Schiff **›Mama Viña‹.**

Wer den Unterwassersport erst erlernen oder das Schnorcheln ausprobieren möchte, ist in den Freizeitparks um Tulum gut aufgehoben. Dort werden Tauch-Schnupper-Kurse angeboten und man kann sowohl Sauerstoffflaschen, Anzüge und Atemmasken als auch sämtliche Ausrüstungsgegenstände für das Schnorcheln leihen. Im **Nationalpark Xel-Há** (s. S. 100f.) etwa reiht sich die gesamte Anlage um die breite Bucht, in die der Xel-Ha-Fluss mündet.

Tauchen in Atoll und Lagune

Weiter südlich, vor der Bahia de Chetumal, lockt das Korallen-Atoll **Banco de Chinchorro**, an dem viele Seefahrer mit ihren Schiffen ein unrühmliches Ende fanden. In Richtung Chetumal schließlich bietet die **Laguna de Bacalar** auf einer Länge von fast 50 km ein prächtiges Farbenspiel.

Tour- Info

Ausflugstouren: Zahlreiche Veranstalter bieten von Cancún, Playa del Carmen, Akumal oder Tulum aus Tauchausflüge zu den *cenotes* wie auch zu den Meerestauchrevieren an (s. unter Orte von A–Z). Voraussetzung für die Teilnahme ist eine Taucherlizenz.
Kurse: Es gibt eine Reihe deutscher bzw. deutschsprachiger Divemaster in Playa del Carmen, Tulum und Akumal (s. unter Orte von A–Z). Angeboten wird die ganze PADI-Kurspalette vom Schnupperkurs bis zum Divemaster.
Preise: Ein Tauchgang in einem *cenote* schlägt mit ca. 55 US-$ (ca. 600 Pesos) zu Buche (inkl. Transport, Guide, Cenote-Eintritt, Softdrink/Mittagessen). Ein viertägiger Basiskurs kostet inkl. Ausrüstung ca. 350 US-$. Zwischen 35 und 45 US-$ (380–500 Pesos) muss für einen 1-Tank-Meeres-Tauchgang gerechnet werden (inkl. Getränke und Begleitung durch einen Padi-Divemaster). Mit eigener Ausrüstung wird es rund 5 US-$ günstiger.

Register

Impressum

Fotonachweis:
Titelbild: Tulum
Vignette: Orangenschäler in Izamal
S. 6/7: Frauen am Strand von Celestún
S. 40/41: Izamal, San Antonio de Padua
S. 106/107: Häuserfassade in einem yukatekischen Dorf
Umschlagrückseite: Pyramide in Chichén Itzá (oben), Tanzgruppe in Mérida (unten)

Hans-Joachim Aubert, Bonn Titelbild, S. 9, 12, 22, 24, 28, 43, 45, 64, 68, 72, 98/99, 106/107
Reinhard Dirscherl/LOOK, München S. 116
Miquel Gonzales/laif, Köln S. 8, 102/103
Willy Van Sompel, Frankfurt S. 1, 2/3, 6/7, 14, 18, 40/41, 50, 54, 61, 77, 85, 91, 100, 108, 110, 112, 114

Kartografie: © DuMont Reiseverlag

Alle Angaben ohne Gewähr. Für Fehler können wir keine Haftung übernehmen.
Ihre Anregungen greifen wir gern auf – schnell und unkompliziert.
Unsere Service-Nummer: 0190/145031 (0,61€ pro Minute)
DuMont Reiseverlag, Postfach 101045, 50450 Köln, E-Mail: info@dumontreise.de

Grafisches Konzept: Groschwitz, Hamburg
Druck: Rasch, Bramsche
Buchbinderische Verarbeitung: Bramscher Buchbinder Betriebe

ISBN 3-7701-6501-2

Ich leb Online
mit T-Online.